GANZ ENTSPANNT KOCHEN

für Freunde und Familie

1. Auflage
Copyright © 2012 by Christian Brandstätter Verlag, Wien

Rezepte und Food-Styling: Annabelle Knaur-Trauttmansdorff
Produktion, Texte und Set-Styling: Aglaia Clam-Martinic
Fotografie: Nuno Filipe Oliveira, www.nunofoto.at
Lektorat: Olivia Volpini de Maestri
Grafische Gestaltung: dottings.com

Designed in Austria

Gedruckt in der EU

Schrift: Nevis & Jura, Ed Merritt,
edmerritt.com & tenbytwenty.com

Christian Brandstätter Verlag GmbH & Co KG
A-1080 Wien, Wickenburggasse 26
Telefon (+43-1) 512 15 43-0
Telefax (+43-1) 512 15 43-231
E-Mail: info@cbv.at
www.cbv.at

ISBN 978-3-85033-619-2

Bibliografische Information der Deutschen Nationalbibliothek
Die Deutsche Nationalbibliothek verzeichnet diese Publikation
in der Deutschen Nationalbibliografie; detaillierte bibliografische
Daten sind im Internet über http://dnb.d-nb.de abrufbar.

ANNABELLE KNAUR-TRAUTTMANSDORFF
AGLAIA CLAM-MARTINIC

GANZ ENTSPANNT KOCHEN

für Freunde und Familie

Fotografien von NUNO FILIPE OLIVEIRA

 Brandstätter

INHALT

8   ANNABELLE'S GLOSSARY
Willkommen in meiner Küche

12   BREAKFAST WITH THE FAMILY
Ein Morgen, der allen schmeckt

34   SUNDAY LEISURE
Relaxtes Kochen für Kind und Kegel

56   LADIES GET TOGETHER
Wein, Weib und Schokotarte

78   POTLUCK
Das Glück liegt im Topf

100   KIDS COOKING PARTY
Vom Schleckermaul zum Küchenchef

122   COCKTAIL HOUR
Lachsbrötchen war gestern

144   DINNER WITH FRIENDS
Freundschaft in vier Gängen

166   AGLAIA'S STYLE
Geht nicht, gibt's nicht

174   INDEX
In Reih und Glied

ANNABELLE KNAUR-TRAUTTMANSDORFF

Als Köchin und Autorin meines zweiten Kochbuchs ist es mir wichtig, dass Familie und Freunde an einem Tisch zusammenkommen und mit einem guten Essen verwöhnt werden. Es muss keine Sterneküche sein, es reicht auch eine einfache, schnell zubereitete Speise mit wenigen Zutaten aber mit dem gewissen Etwas. Der Trick ist gut vorbereitet zu sein, damit man nicht im letzten Moment in der Küche stehen muss. Besonders für Kinder ist dieses Miteinander beim Kochen und Essen von großer Bedeutung.

AGLAIA
CLAM-MARTINIC

Als Redakteurin hatte ich schon immer mit schönen Dingen zu tun: mit Design, Filmen, Reisen und nicht zuletzt verschiedenen Küchen und Lokalen. Die Trends kamen und gingen, meine Begeisterung fürs Kochen, Schreiben und Stylen blieb. Dieses Buch war also von Anfang an nicht nur ein Job, sondern ein echtes Leidenschaftsprojekt. Unsere Lust auf Gäste wollte ich nun auch optisch in Szene setzen. Und so soll jede neue Kapitelwelt mit ihren unterschiedlichen Settings und Stylings das Gefühl vermitteln, selbst Gast einer unserer Einladungen zu sein.

YES
PLEASE

hope

I
WANT
THIS

Einkaufsliste

Fisch/Fleisch	Obst / Gemüse	Milchprod.
L - Forelle	Salbei	Joghurt
S - Filet	Fenchel	Eier
Speck	Koriander	S - Rahm
	Minze	Butter
	Zitronen	
Diverses	Rucola	
Sesam	Basilikum	
Schnitten	Tomaten	

· ANNABELLE'S GLOSSARY ·

WILLKOMMEN IN MEINER KÜCHE

Auf den nächsten Seiten verrate ich die Herkunft mancher Rezepte, erkläre Begriffe und gebe Antworten auf Fragen, die mir häufig in meinen Kochkursen gestellt werden. Ebenso finden Sie hilfreiche Tipps für die reibungslose Planung und Durchführung einer kleinen oder größeren Einladung.

Auch in meinem zweiten Kochbuch bringe ich ein Stückchen der weiten kulinarischen Welt in heimische Töpfe. Ich bin viel gereist, habe in unterschiedlichen Ländern gelebt und mich von fremden Küchen inspirieren lassen. In Kombination mit meiner österreichischen Herkunft schlägt sich das natürlich auch in meinen Rezepten nieder.

Aber ganz egal von welcher Küche ich mich inspirieren lasse, mein oberstes Gebot bleibt dasselbe: Einfach und köstlich muss es sein! Dabei spielt die vielzitierte gesunde Küche und somit die Qualität der Zutaten natürlich eine wesentliche Rolle. In meinem Einkaufskorb finden sich möglichst Produkte, die aus der Region stammen und frisch verwendet werden. Ich vermeide fertige oder gefrorene Menüs. Denn: Wenn man weiß, was schlussendlich auf den Tisch kommt, ist man schon auf dem richtigen Weg. Dabei ist es mir wichtig, nicht allzu viel Zeit mit dem Einkauf zu verbringen. Wie man auf dem Foto sehen kann, gestalte ich schon meine Einkaufsliste so, dass ich dabei Zeit spare.

Das Wichtigste aber zum Schluss: Auch wenn es nur ein herzhaftes Butterbrot mit frischem Schnittlauch oder eine einfache Pasta ist, machen Sie es sich zur Gewohnheit, gemeinsam mit Familie und Freunden zu kochen und zu essen. Man wächst zusammen und es entstehen wunderbare Gespräche.

So wird auch der Alltag zum Genuss!

Annabelle

NUN ABER ALLES DER REIHE NACH:

BLATTSALATE vorbereiten: Ich rühre das Dressing in der Servierschüssel an, gebe den Salat darauf und bedecke ihn mit einem Stück feuchter Küchenrolle. So bleibt jeder Blattsalat knackig, auch wenn man ihn ein paar Stunden früher vorbereitet. Erst im letzten Moment mit dem Dressing vermischen.

CHIMICHURRI kommt aus Argentinien. Dort verwenden es die Grillmeister als Marinade oder als Sauce zum Fleisch. Es gibt unzählige Chimichurri-Rezepte, jeder Grillmeister hat sein eigenes Geheimrezept. Oft verwendet man auch Oregano und Essig, ich habe mich für Zitronensaft entschieden.

COLESLAW ist *der* amerikanische Krautsalat, den man zu Burger und Hot Dogs gleichermaßen serviert. In diesem Buch kombiniere ich ihn mit einem koreanisch gewürzten Rinderfilet.

Ich bin ein großer Fan von **DIPS UND SAUCEN**: Diese kleinen Alleskönner geben so manchem Gericht den letzten Schliff und verleihen auch einer einfachen Speise eine interessante Note. Außerdem gibt es unzählige Kombinationsmöglichkeiten und die meisten Saucen lassen sich herrlich vorbereiten. Was will man mehr?

Um ein gutes Stück gegrilltes oder gebratenes **FLEISCH** noch mürber zu machen, wickelt man es einfach in Alufolie und lässt es 10–20 Minuten rasten. Aber Achtung: Es gart natürlich noch ein wenig weiter, daher Bratzeit verkürzen! Ob man es vor oder nach dem Braten salzt, ist eine Lebensphilosophie …

GARAM MASALA bedeutet *hot spices* (im Sinn von intensiven Gewürzen) und besteht aus Kardamom, Pfeffer, Nelken, Kreuzkümmel und Muskatnuss. Es wird vor allem in der nordindischen Küche verwendet, wo jeder Haushalt sein eigenes Rezept hat. Bei uns erhält man diese Gewürzmischung im Spezialitätenhandel.

Bestimmte **GEWÜRZE** werden vor dem Verwenden angeröstet, damit ihr Aroma mehr zur Geltung kommt. Dies gilt beispielsweise für Fenchelkörner oder Kümmel.

Das **ICE CREAM SUNDAE** ist ein amerikanisches Original. Es besteht aus ein bis zwei Eissorten und einer Auswahl an Toppings: Schokolade- oder Karamellsauce, geschlagenem Obers, Kirschenkompott, Nüssen, Smarties … Der Kreativität sind keine Grenzen gesetzt!

Wenn ich Freunde einlade, gibt es vor der Nachspeise fast immer eine **KÄSEPLATTE** (vor der Nachspeise deshalb, da man so seinen Wein länger genießen kann). Empfehlenswert ist eine Mischung aus Hart- und Weichkäse, Ziegen-, Kuh- und Schafsmilchkäse. Vier bis fünf verschiedene Sorten reichen völlig. Dazu passen ein paar Cracker oder Schüttelbrot aus Südtirol.

Zur gesunden Küche leisten frische **KRÄUTER** einen wertvollen Beitrag. Generell ist es mir wichtig, möglichst frische Kräuter zu verwenden. Falls keine im Haus sind, bieten Kräuter aus der Tiefkühltruhe einen guten Ersatz. Ich verwende getrocknete Kräuter nur bei Eintöpfen oder Sauce Bolognese. Salbei oder Rosmarin können dekorativ in der Küche getrocknet werden.

Wenn Sie fertige **MAYONNAISE** kaufen, wählen Sie am besten die fette, jene mit 80 % Fett. Mit etwas Sauerrahm oder Joghurt, Salz und Pfeffer, Dijon-Senf und Zitronensaft verfeinern Sie die Mayonnaise und geben ihr eine persönliche Note.

Die **NASHI BIRNE** kommt ursprünglich aus Asien. Sie hat einen sehr erfrischenden Geschmack, der sowohl an Birne als auch Apfel erinnert. Eine willkommene Abwechslung!

Die **PASTA** gelingt am besten, wenn man sie wirklich wie bei unseren südlichen Nachbarn in reinem Salzwasser al dente, also mit Biss, kocht und sofort serviert.

PFEFFER muss für mich unbedingt frisch gerieben sein, nur dann erhält man den herrlich intensiven Pfeffergeschmack. Je feiner gerieben, desto geringer die Intensität des Pfeffers. Ich verwende fast immer schwarze Pfefferkörner.

Der **REBUJITO** ist *das* Sommergetränk Andalusiens. Sherry ist der Wein dieser wildromantischen Gegend, kein Wunder also, dass dieser Drink zu einem Gutteil daraus besteht. Je heißer der Sommer, desto besser der Rebujito!

MEERSALZFLOCKEN erzeugen einen speziellen Geschmack bei Gerichten, die man ohne weiteres Kochen sofort genießen kann. Dieses Spezialsalz ist im Delikatesshandel erhältlich. Mein Favorit: Maldon Sea Salt.

SHIRLEY TEMPLE ist ein bekannter Kinder-Cocktail aus den USA, der sich vor allem aus Grenadine und Sprite zusammensetzt. Statt Letzterem kann man auch Ginger Ale verwenden.

VANILLEESSENZ verwende ich gerne beim Backen, da es dem Gericht einen deutlich intensiveren Geschmack als Vanillezucker verleiht und einfacher zu verwenden ist als die Vanilleschote.

Eine **VICHYSSOISE** ist eine beliebte Kartoffel-Lauch-Suppe. Sie wird meist kalt, kann aber natürlich auch warm gegessen werden. In meinem Rezept habe ich den Lauch durch Kresse ersetzt.

Wenn man die Schale von **ZITRUSFRÜCHTEN** verwendet, empfehle ich Ihnen, ungespritztes Bio-Obst zu kaufen.

WAS HEISST WAS?

- Eierspeise – Rührei
- Eierschwammerl – Pfifferlinge
- Faschiertes – Hackfleisch
- Fisolen – grüne Bohnen
- Karfiol – Blumenkohl
- Kren – Meerrettich
- Marille – Aprikose
- Ribiseln – rote Johannisbeeren
- Sauerrahm – saure Sahne
- Schlagobers – süße Sahne
- Semmel – Brötchen
- Vogerlsalat – Feldsalat
- Eiskasten – Kühlschrank

• BREAKFAST WITH THE FAMILY •

Ein Morgen, der allen schmeckt

BREAKFAST
· WITH THE ·
FAMILY

EIN MORGEN, DER ALLEN SCHMECKT

Langsam öffnen sich die Augen, die Sonne kitzelt in der Nase, der Wecker schweigt – endlich Wochenende. Wie es jetzt weitergeht, entscheidet Ihr Familienstand: Während sich Singles nach einer langen Nacht nochmal umdrehen, wird Mamis und Papis Bett schnell zum ultimativen Trampolin. Das Ergebnis – ein Bärenhunger – bleibt dasselbe, genauso wie die Diskussion ums Frühstück im Bett. Für die einen gibt es keinen größeren Luxus, den anderen bleibt angesichts der Flecken- und Krümelproblematik der Toast im Hals stecken ... Damit der Traum vom gemeinsamen kulinarischen Start in den Tag nicht gleich zerbröselt, gibt es aber eine Menge an Alternativen: Den Tisch auf Balkonien decken, im Indianerzelt ein Picknick veranstalten, eine Pyjamaparty mit Übernachtungsgästen oder ein ausgedehnter warmer Brunch mit der Großfamilie. Und wer gar nicht aufstehen mag, der lässt nun doch den Handstaubsauger kreisen. Achtung, fertig, los geht die Polsterschlacht!

· · ·

· MENÜ ·

Zitronen-Lassi

Ingwer-Zitronengras-Tee

Zitronen-Popovers mit Pfirsich-Maracuja-Marmelade

Buttermilch-Pancakes mit Ahornsirup

Himbeer-Muffins

Pochiertes Ei auf Brioche mit Basilikumöl

Griechisches Joghurt mit Waldhonig und gerösteten Mandeln

Thunfisch-Toasts mit frischer Kresse

Ana's Quesadillas

• • •

ZITRONEN-LASSI

1 Drink • 5 min Arbeitszeit

1–2 TL	Zucker
1	Zitrone, Saft und geriebene Schale
250 g	Joghurt
1 Handvoll	Eiswürfel

Die Zutaten in einem Standmixer fest pürieren oder mit der Hand verrühren.

INGWER-ZITRONENGRAS-TEE

1 Tasse • 5 min Arbeitszeit + 10 min kochen

50 g	Ingwer, geschält und in Stücke geschnitten
2–3 kleine Stücke	Zitronengras
250 ml	Wasser
1–2 TL	Zitronensaft
2 EL	Honig

Ingwer, Zitronengras und Wasser 10 Minuten kochen lassen, abseihen.

Mit Honig und Zitronensaft abschmecken. Je mehr Ingwer, desto schärfer wird der Tee.

— TIPP —

Man kann das Lassi ein paar Stunden vorher zubereiten, nur die Eiswürfel erst zum Schluss dazugeben. Den Tee am besten frisch kochen. Er ist ein wunderbares Heilmittel gegen Erkältungen!

— GUESTS' CHOICE —

Lassi kommt ursprünglich aus Indien – dort wird auch gerne mal statt der Zitrone eine Mango oder Banane verwendet. Meine Kinder lieben diesen Drink auch mit passierten Erdbeeren.

ZITRONEN-POPOVERS MIT PFIRSICH-MARACUJA-MARMELADE

6 Personen - 4 Gläser • je 5 min Arbeitszeit + 35 Min backen + 15 min kochen

MARMELADE

1 kg	Pfirsiche, entkernt und in kleine Stücke geschnitten
750 g	Zucker
4	Maracujas, nur die Kerne verwenden
1 EL	Zitronensaft

POPOVERS

150 ml	Milch
50 ml	Wasser
2	Eier
1 TL	Zitronenschale, fein gerieben
15 g	Butter, geschmolzen
120 g	Mehl
	Salz
	Butter zum Ausstreichen der Formen

Popoverform (6 Stück) *oder*
Muffinform (9 Stück)

Für die Marmelade Pfirsichstücke und Zucker in einem Kochtopf ca. 15 Minuten köcheln. Maracuja-Kerne und Zitronensaft dazugeben und weitere 5 Minuten köcheln lassen. Marmeladegläser und Deckeln ordentlich auskochen und die heiße Marmelade einfüllen. Gut verschrauben und umgedreht 1–2 Stunden rasten lassen.

Für die Popovers das Backrohr auf 190 °C vorheizen. Die Formen fest mit Butter ausstreichen. Milch, Wasser, Eier, Zitronenschale vermengen, die flüssige Butter dazurühren. Zum Schluss das Mehl hinzufügen, mit Salz abschmecken. Der Teig kann etwas klumpig sein, das macht aber nichts. Die Formen halbvoll füllen. Im Backrohr auf der untersten Schiene für 30 Minuten backen. Aus dem Ofen nehmen, die Popovers ein wenig einschneiden, damit sie luftig werden. Weitere 5 Minuten backen. Sofort servieren. Wenn man Muffinformen verwendet, verkürzt sich die Zeit auf 25 Minuten.

— TIPP —

Man kann den Teig schon am Vorabend verrühren, in Formen füllen und kühl stellen. Im letzten Moment backen. Klar, für Marmelade passen viele Früchte: Marille, Himbeere, Heidelbeere, Mango … Spannend wird's jedoch, wenn man zwei Sorten mischt.

— GUESTS' CHOICE —

Diese „Amerikaner" schmecken salzig ebenso köstlich: einfach Gruyère und Pfeffer aber auch Gorgonzola oder Parmesan in den Teig mischen. Attraktiv mit schwarzem Sesam bestreut. So lassen wir einmal das Brot weg und servieren Popovers!

BUTTERMILCH-PANCAKES MIT AHORNSIRUP

6 Personen • 20 min Arbeitszeit

500 ml	Buttermilch
300 g	Mehl, universal
2	Eier
2 TL	Natron (Speisesoda)
eine Prise	Salz

Pflanzenöl zum Anbraten
Ahornsirup *oder* Honig
Granatapfelkerne, optional

Die ersten 5 Zutaten mit einem Schneebesen gut vermengen. Etwas Öl in einer Pfanne erhitzen. Für jedes Pancake etwa 1–2 Esslöffel Teig in die Pfanne geben. Pancakes beidseitig goldbraun backen. Granatapfelkerne darüber verteilen und sofort mit Ahornsirup oder Honig servieren.

— TIPP —

Den Teig kann man ein paar Stunden vorher mischen, kühl stellen. Im letzten Moment backen. Natron ist eine wichtige Zutat, da es den Pancakes die herzhaft flaumige Konsistenz verleiht. Servieren Sie die Pancakes unbedingt heiß aus der Pfanne auf den Teller!

— KIDS' CHOICE —

Mit frischen Früchten wie Erdbeeren oder Banane dazu bekommen die Kleinen gleich die nötigen Vitamine serviert. Köstliche Variante: Heidelbeeren in den Teig rühren und mitbacken.

HIMBEER-MUFFINS

9 Stück • 10 min Arbeitszeit + 25 min backen

180 g	Butter, zimmerwarm
180 g	Zucker
1 TL	Vanilleessenz *oder* 1 EL Vanillezucker
3	Eier, zimmerwarm
180 g	Mehl
30 ml	Milch
100 g	Himbeeren, gefroren *oder* frisch
	Staubzucker zum Bestreuen
	Butter zum Einfetten
	1 Muffinform

Das Backrohr auf 160 °C vorheizen.

Butter mit Zucker und Vanillezucker schaumig rühren. Ein Ei nach dem anderen dazuschlagen, Mehl daruntermischen und zum Schluss Milch und Himbeeren unterheben. In die gefettete Muffinform füllen und 25 Minuten backen. Mit Staubzucker bestreuen und am besten frisch essen.

— TIPP —

Wenn nötig, kann man die ungebackenen Muffins in der Form 2–3 Wochen einfrieren.

— KIDS' CHOICE —

Je nach Saison oder Vorliebe der Kinder können Sie auch andere Früchte wie Brombeeren, Erdbeeren, Heidelbeeren oder Ribiseln verwenden.

POCHIERTES EI AUF BRIOCHE MIT BASILIKUMÖL

6 Personen • 15 min Arbeitszeit

BASILIKUMÖL

1 Handvoll	frisches Basilikum
150 ml	Olivenöl
	Knoblauch, nach Geschmack
	Salz, Pfeffer aus der Mühle
6	Eier
6	Scheiben Brioche, getoastet
12	Scheiben Bauchspeck, abgebraten
	Parmesan nach Belieben, gehobelt

Für das Basilikumöl alle Zutaten im Standmixer pürieren und mit Salz und Pfeffer abschmecken.

Eine große Pfanne zu drei viertel mit Wasser füllen, etwas salzen und das Wasser zum Sieden bringen (bis kleine Luftblasen aufsteigen). Das Wasser mit einem Löffel zum Kreisen bringen, ein Ei aufschlagen und vorsichtig in den Wasserstrom gleiten lassen. Mit ein wenig Übung kann man auch mehrere Eier zugleich ins Wasser geben. Die Eier 2–3 Minuten auf Siedetemperatur pochieren, aus dem Wasser heben, abtropfen und rasch verwenden.

Das Brioche toasten, auf jede Scheibe etwas Parmesan hobeln, das pochierte Ei daraufsetzen. Je zwei Scheiben gebratenen Speck darüberlegen und zum Schluss mit Basilikumöl überziehen. Sofort servieren.

— TIPP —

Wenn man zum ersten Mal pochiert, ist es ratsam mit einem „Probeei" zu starten … Füllen Sie das Basilikumöl in ein gut verschließbares Glas, es hält sich gekühlt 4–5 Tage. Es passt auch sehr gut zu diversen Salaten.

— KIDS' CHOICE —

Für Kinder, die Eier mögen, gehört diese Speise zu einem Super-Frühstück, das beginnt schon bei der Aufregung ums Pochieren!

GRIECHISCHES JOGHURT MIT WALDHONIG UND GERÖSTETEN MANDELN

1 Person • 5 min Arbeitszeit

150 ml	griechisches Joghurt (am besten 10 % Fett)
1-2 EL	guter Waldhonig
2-3 EL	Mandeln, gehobelt
1/4	Papaya, in Würfel geschnitten
etwas	Limettensaft

Die gehobelten Mandeln in einer beschichteten Pfanne goldbraun anrösten.

Das Joghurt mit gerösteten Mandelblättchen und Honig anrichten. Die Papaya mit Limettensaft beträufeln und dazu servieren.

— TIPP —

Man kann auch normales Naturjoghurt verwenden.

— GUESTS' CHOICE —

Dieses traditionelle griechische Frühstück schmeckt auch herrlich ohne Obst. Oder als einfache Nachspeise nach einem Mittagessen.

THUNFISCH-TOASTS MIT FRISCHER KRESSE

6 Personen • 20 min Arbeitszeit

AUFSTRICH

300 g	Thunfisch aus der Dose, ohne Flüssigkeit
120 g	Joghurt
6 EL	Essiggurken, fein gehackt
2 EL	Dijonsenf
2 EL	körniger Senf
3	Selleriestangen, in Würfel geschnitten
1	rote Zwiebel, fein gehackt
3 EL	frischer Koriander, fein gehackt
1 Kistchen	Gartenkresse
	Salz, Pfeffer aus der Mühle
12	Scheiben Weißbrot, getoastet

falls zur Hand:

Sandwichtoaster mit Ober- und Unterhitze

Alle Zutaten für den Aufstrich vermengen, mit Salz und Pfeffer abschmecken. Die Hälfte der Brote mit der Paste bestreichen, Kresse darüberstreuen und mit den restlichen Broten bedecken. 2–3 Minuten toasten und servieren.

Wenn kein Sandwichtoaster zur Hand ist, röstet man das Brot mit etwas Butter in einer Pfanne auf beiden Seiten an.

— TIPP —

In den USA erfreut sich dieser Aufstrich großer Beliebtheit: mal Teil eines Picknicks, mal bei einem Buffet serviert. Eine ideale Speise, die man während des Frühstücks frisch machen kann. Für 2-3 Tage hält sich der Aufstrich problemlos im Eiskasten.

— GUESTS' CHOICE —

Ersetzen Sie den Thunfisch durch gekochtes, zerkleinertes Hühnerfleisch und mischen Sie 2-3 Esslöffel Mayonnaise dazu - wunderbar!

ANA'S QUESADILLAS

6 Personen • 20 min Arbeitszeit

SALSA ROJA

2–3	Tomaten
1	rote, getrocknete Chilischote
	Knoblauch, optional
	etwas Gemüsefondpulver
	Salz, Pfeffer aus der Mühle

12	frische Maistortillas, im mexikanischen Fachhandel erhältlich
	oder 12 Weizentortillas, medium
300 g	Gouda *oder* Raclette, in Scheiben geschnitten
1	Mango, in dünne Scheiben geschnitten

Für die Salsa die Tomaten und die Chilischote im Ganzen in einer Pfanne ohne Öl anbraten, bis der Chili fast schwarz ist. Beides in der Küchenmaschine mit Gewürzen fest passieren.

Auch die Tortillas ohne Öl einzeln in einer Pfanne auf beiden Seiten erwärmen. Etwas Käse und Mangostücke darauf verteilen und eine zweite Tortilla darauflegen. Solange in der Pfanne lassen, bis der Käse geschmolzen ist. Anschließend in 4 Stücke schneiden und in ein Tuch wickeln, sodass sie warm bleiben. Denselben Vorgang wiederholen, bis alle Tortillas aufgebraucht sind.

Mit Salsa Roja servieren.

— TIPP —

Die Quesadillas muss man à la minute (im Moment) machen. Nach meiner Erfahrung mögen Kinder die mexikanischen Tortillas am liebsten nur mit Käse.

— GUESTS' CHOICE —

Verfeinern Sie die Quesadillas mit Shrimps oder Ziegenkäse mit Koriander – oder lassen Sie Ihrer Fantasie freien Lauf!
Richtig authentisch wird's, wenn man die Chilischote durch Chipotle Peppers in Adobo Sauce ersetzt – erhältlich im Fachhandel.

• SUNDAY LEISURE •

Relaxtes Kochen für Kind und Kegel

· SUNDAY · LEISURE

RELAXTES KOCHEN FÜR KIND UND KEGEL

Jeder kennt das Gefühl, wenn es in den eigenen vier Wänden einfach mal zu eng wird. Zu wenig Freiraum, zu viel Alltag. Da heißt es: Nicht lange zögern und einfach raus! Vielleicht ja gleich ans Wasser? Ein Blick zum Horizont genügt und wir atmen auf. Die Kinder schwimmen, toben, spielen Fußball und der Stress der Woche rückt in weite Ferne. Aber halt, fehlt da nicht ein wichtiges Detail? Genauso frisch und unkompliziert wie die Umgebung müssen natürlich auch die Speisen daherkommen. Viele unserer Rezepte lassen sich perfekt zu Hause vorbereiten und bieten die Möglichkeit für ein Picknick der anderen Art. Für die Köstlichkeiten, die doch einen Herd benötigen, bietet sich ein Tag auf der Terrasse oder im Garten an. Oder warum holen wir nicht an einem kalten Novembertag den Sommer zurück in unsere Küche und träumen vom letzten Urlaub? Worauf warten wir denn noch? Abschalten und Seele baumeln lassen!

• • •

• MENÜ •

— DRINK —

Gebackener Ricotta mit Oregano-Dressing

und Rosé Sekt

— VORSPEISEN —

Birnen-Fenchelsalat mit Senfdressing

Chili-Guacamole

Bunter Pflücksalat mit geräucherter Forelle

— HAUPTSPEISEN —

Hühner-Burger mit Basilikum-Mayonnaise

Rosmarin-Koriander-Lammkeule

Saibling auf Kartoffelchips mit Kräutersauce

— DESSERT —

Ghaili's Cheesecake

• • •

GEBACKENER RICOTTA MIT OREGANO-DRESSING

6 Personen • 10 min Arbeitszeit + 25 min backen

OREGANO-DRESSING

1 TL	Zitronenschale, gerieben
2 EL	Oregano, gehackt
1 EL	frischer Zitronensaft
3 EL	Olivenöl
	Salz, Pfeffer aus der Mühle
etwas	Olivenöl zum Bestreichen
100g	Parmesan, gerieben
250 g	Ricotta
2	Salzstangerl, in schräge Scheiben geschnitten
	Backpapier

Für das Dressing alle Zutaten in einer Schüssel verrühren, mit Salz und Pfeffer abschmecken. Das Backrohr auf 200 °C vorheizen.

Aus Backpapier zwei Quadrate schneiden (jeweils ca. 20 x 20 cm). Jedes auf einer Seite mit etwas Olivenöl bestreichen, etwas geriebenen Parmesan darüberstreuen und in kleine Souffléformen drücken. Ricotta in die ausgelegten Formen füllen und zum Schluss den restlichen Parmesan darüberstreuen. Im Backrohr 20–25 Minuten goldbraun backen. Das Oregano-Dressing darübergießen und mit getoasteten Salzstangerl-Scheiben sofort servieren.

— TIPP —

Man kann diese attraktive Vorspeise ein paar Stunden vorher zubereiten und erst kurz vor dem Servieren backen.

— GUESTS' CHOICE —

Servieren Sie dazu eine Vielfalt von Gebäck oder salzigen Crackers. Statt Oregano kann man auch Majoran oder Thymian verwenden. Und nicht zu vergessen: Ein Glas Rosé Sekt passt herrlich dazu!

BIRNEN-FENCHELSALAT MIT SENFDRESSING

6 Personen • 10 min Arbeitszeit

400 g	Fenchel, fein geschnitten
2	Birnen, geschält, halbiert, entkernt und fein geschnitten
100 g	Rucola

DRESSING

100 ml	Olivenöl
50 ml	Weinessig
2 TL	grobkörniger *oder* süßer Senf
	Salz, Pfeffer aus der Mühle

Das Dressing in einer Schüssel anrühren.

Fenchel, Birne und Rucola auf einem Teller dekorativ anrichten und mit dem Dressing übergießen. Sofort servieren.

— TIPP —

Das Salatdressing können Sie ein paar Stunden vorher anrühren, Birne und Fenchel eine Stunde vorher hineinschneiden. Zum Schluss wird dann der knackige Rucola dazugemischt.

— GUEST'S CHOICE —

Farblich passt auch herrlich der rote Radicchio, aber auch Nashi-Birne oder Stangensellerie.

CHILI-GUACAMOLE

6 Personen • 10 min Arbeitszeit

3	Avocados, in Scheiben geschnitten
	Tortilla-Chips *oder* getoastetes Weißbrot

DRESSING

2 EL	frischer Zitronensaft
4 EL	Olivenöl
2 TL	grüner Tabasco
1	rote *oder* grüne Chilischote, entkernt und grob gehackt
3 EL	frischer Koriander, grob gehackt
2	Jungzwiebeln, in feine Scheiben geschnitten
	Salz, Pfeffer aus der Mühle

Die geschnittenen Avocadostücke auf 6 Teller verteilen. Die Zutaten für das Dressing vermischen und über die Avocados gießen. Mit Tortilla-Chips rasch servieren.

— TIPP —

Das Dressing kann man ein paar Stunden vor dem Servieren anrühren, nur den Koriander erst zum Schluss hinzufügen.

— KIDS' CHOICE —

Für die Kleinen die Avocadostücke mit einer Gabel zerdrücken und mit etwas Zitronensaft, Olivenöl, Salz und Pfeffer vermischen. Mit den Tortilla-Chips servieren.

BUNTER PFLÜCKSALAT MIT GERÄUCHERTER FORELLE

6 Personen • 20 min Arbeitszeit

100 g	bunter Pflücksalat
2	Chicorées, in Scheiben geschnitten
350 g	grüner Spargel, blanchiert
3	Eier, hart gekocht
300 g	geräucherte Forellenfilets, zerteilt

DRESSING

100 ml	Olivenöl
30 ml	Weißweinessig
2 EL	Schnittlauch, grob gehackt
etwas	Chili, gerieben
	Salz, Pfeffer aus der Mühle

Blanchierten Spargel in großzügige Stücke schneiden. Das Dressing in einer Schüssel gut verrühren und abschmecken.

Salatblätter mit Chicorée-Scheiben mischen und mit Spargelstücken auf einem Teller anrichten. Nun Fischfilet und in Segmente geschnittene Eier darüberlegen. Mit Dressing servieren.

— TIPP —

Für diesen Salat eignet sich fast jede Art von Blattsalat, statt Spargel passen auch blanchierte Erbsenschoten. Man kann die einzelnen Zutaten ein paar Stunden vorher vorbereiten und zum Schluss vermengen.

— KIDS' CHOICE —

Wenn Kinder mitessen, sollte man den Chili weglassen und statt schwarzem einfach den milderen rosa Pfeffer verwenden.

HÜHNER-BURGER MIT BASILIKUM-MAYONNAISE

6 Personen • 20 min Arbeitszeit

BASILIKUM-MAYONNAISE

250 g	Mayonnaise
1 Handvoll	frisches Basilikum, gehackt
100 g	Essiggurken, fein gehackt
3 EL	Gurkenwasser aus dem Glas
4	Jungzwiebeln, fein gehackt
800 g	Hühner- *oder* Putenfleisch, faschiert
150 g	Sauerrahm
6	Scheiben frisches Sandwichbrot, getoastet
1-2	Fleischtomaten, in Scheiben geschnitten
12 Blätter	Basilikum
	Olivenöl zum Bestreichen
etwas	Pflanzenöl zum Anbraten
	Salz, Pfeffer aus der Mühle

Für die Basilikum-Mayonnaise alle Zutaten gut vermengen und mit Salz und Pfeffer abschmecken. Ein Drittel der Mayonnaise mit dem Hühnerfleisch vermengen, den Rest mit Sauerrahm verrühren. Mit nassen Händen 6 Hamburger-Laibchen formen, etwas salzen und mit Olivenöl bestreichen. In einer Pfanne etwas Öl erhitzen und die Laibchen auf beiden Seiten anbraten, zudecken und weitere 10–12 Minuten auf kleiner Flamme braten, bis das Fleisch gerade durch ist. Nicht zu lange, damit es nicht trocken wird!

Nun die Sandwichbrote mit Basilikum-Mayonnaise bestreichen, Tomatenscheiben, je 2 Basilikumblätter und zum Schluss die Fleischlaibchen darauflegen. Sofort servieren.

— TIPP —

Die rohen Burger kann man am Vortag zubereiten oder bis zu 2 Wochen einfrieren. Die Mayonnaise hält sich 2–3 Tage im Eiskasten. Vom Grill schmecken die Burger noch besser! Damit sie nicht durch den Rost fallen, legt man einfach Alufolie darunter.

— KIDS' CHOICE —

Für Kinder den Burger etwas kleiner formen und in kleinen Brötchen servieren. Meine Kinder mögen diese Mayonnaise sehr, man kann natürlich auch Ketchup verwenden.

ROSMARIN-KORIANDER-LAMMKEULE

6 Personen • 15 min Arbeitszeit + 60 min braten

3 EL	frischer Rosmarin, gehackt
1 EL	Koriandersamen, zerdrückt
5	Knoblauchzehen, zerdrückt
80 ml	Olivenöl
2 kleine	Lammkeulen (je ca. 1,2 kg)
2	Knoblauchknollen, halbiert
	Salz, Pfeffer aus der Mühle
2	Handvoll Pflücksalat
6	Pitabrote

MINZE-JOGHURT

400 g	Joghurt
3 EL	frische Minze, fein gehackt
2	Minigurken, grob gerieben

Das Backrohr auf 180 °C vorheizen.

Die ersten 4 Zutaten vermengen, mit Salz und Pfeffer würzen und die Lammkeulen damit einreiben.
Eine große Pfanne mit etwas Öl erhitzen und das Lamm darin rundherum anbräunen. Die halbierten Knoblauchknollen auf ein Backblech legen. Die Lammkeulen darauf und ca. 60 Minuten im Rohr braten, bis das Fleisch innen rosa bzw. medium ist – je nach Geschmack mehr oder weniger.

Für das Minze-Joghurt die geriebenen Gurken gut ausdrücken und mit den restlichen Zutaten verrühren. Kühl stellen.

Das Fleisch dünn aufschneiden, in die gewärmten Pita-Brote legen. Mit Minze-Joghurt und Pflücksalat servieren. Der geröstete Knoblauch findet auch immer große Fans!

— TIPP —

Das Minze-Joghurt erst kurz vor dem Essen zubereiten, da die Gurke oft noch Wasser lässt und es sonst zu flüssig wird. Mini-Gurken sind intensiver im Geschmack.

— GUESTS' CHOICE —

Probieren Sie das Lammfleisch kalt zu essen – ideal für ein festliches Buffet oder ein Picknick. Statt dem Pitabrot passen auch goldbraun geröstete Kartoffeln dazu.

SAIBLING AUF KARTOFFELCHIPS MIT KRÄUTERSAUCE

6 Personen • 15 min Arbeitszeit + 40 min braten

1,2 kg	Saiblingsfilets mit Haut, in 2–3 Stücke geschnitten
	Salz, Pfeffer aus der Mühle
	Olivenöl
1,4 kg	speckige Kartoffeln, 2 mm dick geschnitten

KRÄUTERSAUCE

2	frische grüne Chili, ohne Kerne fein gehackt
2	Knoblauchzehen
3	Jungzwiebeln, nur der weiße Teil, fein gehackt
4 EL	Koriander, grob gehackt
3 EL	Petersilie, grob gehackt
4 EL	Pflanzenöl

Alle Zutaten für die Kräutersauce in den Standmixer geben, fest pürieren und mit Salz und Pfeffer abschmecken.

Das Backrohr auf 200 °C vorheizen.

Zwei Backbleche mit Backpapier auslegen. Die Kartoffelscheiben darauf verteilen, mit Olivenöl beträufeln. 30 Minuten im Backrohr goldbraun braten. Die Saiblingsfilets mit der Haut nach oben darauflegen und weitere 10–12 Minuten (je nach Dicke der Filets) braten. Vor dem Servieren salzen, die Kräutersauce darüber verteilen und auf dem Backblech servieren.

Falls man die Haut vom Fisch nicht essen möchte, sollte man sie erst nach dem Backen abziehen, denn die Haut schützt das Filet vor dem Austrocknen. Für eine knusprige Haut hingegen brät man die Filets in einer Pfanne auf der Hautseite zuerst scharf an und bäckt sie dann kürzer im Backrohr.

— TIPP —

Man kann die knusprigen Kartoffeln schon ein paar Stunden vorher fast fertig braten. Wichtig dabei ist, dass sie dann nochmals für 10 Minuten ins heiße Backrohr (220 °C) geschoben werden.

— GUESTS' CHOICE —

Statt normalen Kartoffeln passen auch Süßkartoffeln dazu. Wer mag, kann die beiden Sorten auch mischen.

GHAILI'S CHEESECAKE

6 Personen • 15 min Arbeitszeit + 50 min backen

200 g	Butterkekse, fein zerstoßen
3 TL	brauner Zucker, optional
70 g	Butter, flüssig
	Butter zum Ausstreichen

FÜLLE

450 g	Frischkäse, z. B. Philadelphia
4	Eier
190 g	Zucker
2 TL	Vanilleessenz
2 EL	Zitronensaft
150 g	Heidelbeeren

Das Backrohr auf 170 °C vorheizen.

Eine Tortenform (Ø 22 cm) mit etwas Butter ausstreichen. Die zerstoßenen Butterkekse mit Zucker und flüssiger Butter gut vermengen und dicht in den Tortenboden pressen.

Die Zutaten für die Fülle verrühren und auf die Keksmischung gießen.

Die Torte ca. 50 Minuten goldbraun backen, bis sich die Masse gesetzt hat. Auskühlen lassen.

Die Heidelbeeren erst kurz vor dem Servieren darauf verteilen.

— TIPP —

Die Torte schmeckt auch am nächsten Tag herrlich!

— KIDS' CHOICE —

Man kann natürlich auch Erdbeeren oder Himbeeren verwenden. Zweite Variante: 200 g Sauerrahm mit 3 EL Zucker vermengen und auf die kalte Torte streichen – köstlich!

• LADIES GET TOGETHER •
Wein, Weib und Schokotarte

LADIES
· GET TOGETHER ·

WEIN, WEIB UND SCHOKOTARTE

Es war schon immer so: Egal ob in den 50ern, 60ern oder heute, egal, ob Lunch oder Dinner, ein Treffen mit den besten Freundinnen kommt einfach nie aus der Mode. Gerade wenn die liebevolle Einladung, die vielleicht sogar ganz stilecht per Post kommt, auch noch zu einem außergewöhnlichen Motto bittet, das sich in Dekoration oder sogar Dresscode widerspiegelt. Gute Gespräche mit unseren Vertrauten haben eine ganz spezielle Qualität, die wir nicht missen wollen. Wir haben uns beim ersten, zweiten, dritten, ... Liebeskummer getröstet, das erste, zweite, dritte, ... Glas zu viel geteilt, uns durch die Prüfungen gepusht und gemeinsam die Angst vor dem ersten Jobinterview überwunden. Es ist an der Zeit, diese besonderen Beziehungen zu feiern! Mit Musik, die uns an unsere ersten durchfeierten Nächte erinnert, guten Drinks und köstlichem Essen und, nicht zu vergessen, vielen gemeinsamen Erinnerungen wird dieses Ladies Get Together zu einem weiteren Highlight unserer gemeinsamen Geschichte.

• • •

· MENÜ ·

— **DRINK** —

Rebujito

Bruschetta mit Ziegenkäse, Prosciutto und Minze-Dressing

— **VORSPEISEN** —

Grapefruit-Rotkrautsalat mit kandierten Pekannüssen

Kresse-Vichyssoise

— **HAUPTSPEISEN** —

Cremige Zitronenpasta mit Spinat und Kapern

Lamm-Burger mit Spinat und Fetakäse

Fischfilet mit Chimichurri und Safran-Kartoffeln

— **DESSERTS** —

Schokolade-Tarte mit frischen Himbeeren

Ananas-Carpaccio mit Ingwersirup

• • •

REBUJITO
1 Glas • 5 min Arbeitszeit

1 Teil	Sherry, dry *oder* medium dry
2 Teile	Sprite *oder* 7up
	Zitronenschale
1	Minzeblatt zum Dekorieren

Zwei bis drei Eiswürfel in ein Glas geben. Sherry und Sprite im Verhältnis 1:2 mischen. Mit einer Zitronenschale und eventuell einem Minzeblatt dekorieren. Wenn Sie viele Drinks mischen, füllen Sie doch einfach einen Krug im angegebenen Verhältnis.

BRUSCHETTA MIT ZIEGENKÄSE, PROSCIUTTO UND MINZE-DRESSING
6 Personen • 15 min Arbeitszeit

1	Baguette, in diagonale Scheiben geschnitten
	Olivenöl zum Bestreichen
1 Handvoll	Rucola
100 g	Ziegenkäse, zerbröckelt
3	Scheiben Prosciutto, jeweils in 3 Stücke geschnitten

DRESSING

2 EL	Olivenöl
2 EL	Balsamicoessig
2 EL	Minze, fein gehackt
	Salz, Pfeffer aus der Mühle

Das Backrohr auf 200 °C vorheizen.

Die Baguettescheiben mit Olivenöl auf einer Seite bestreichen und im Rohr ca. 5–6 Minuten goldbraun backen. Für das Dressing alle Zutaten verrühren, mit Salz und Pfeffer abschmecken. Die gebackenen Brotscheiben in folgender Reihenfolge belegen: Rucola, Ziegenkäse, Prosciutto und das Dressing darüberträufeln.

— TIPP —

Das Dressing können Sie schon ein paar Stunden vor der Einladung anrühren, nur die gehackte Minze im letzten Moment dazugeben, da sie sich sonst verfärbt. Statt mit Sprite können Sie den Rebujito auch mit Tonic Water aufspritzen.

— GUESTS' CHOICE —

Für diese fantastische Vorspeise gibt es unendlich viele Varianten. Versuchen Sie etwa andere Salat- oder Käsesorten - Mozzarella ist der Klassiker! Auch bei den Kräutern kann man sich spielen: Petersilie oder Koriander sind sehr beliebt bei unseren Gästen.

GRAPEFRUIT-ROTKRAUTSALAT MIT KANDIERTEN PEKANNÜSSEN

6 Personen • 20 min Arbeitszeit + 30 min einweichen

200 g   Rotkraut, fein gehobelt

         Salz

100 g   Rettich, in dünne Stifte
         geschnitten

2 EL   Pflanzenöl

1 EL   frischer Koriander,
         grob gehackt

2   Grapefruits, in Segmente
         geschnitten

KANDIERTE PEKANNÜSSE

100 g   Pekannüsse

3 EL   Zucker

DRESSING

50 ml   Sojasauce

1 EL   Reisessig

1 EL   Zucker

1   Knoblauchzehe (optional)

1 EL   Limettensaft

1 TL   roter Chili, klein gehackt

2 EL   Pflanzenöl

         Salz, Pfeffer aus der Mühle

Das gehobelte Rotkraut in einer Schüssel mit Wasser bedecken, 3 EL Salz dazugeben und ca. 30 Minuten stehen lassen.

Für die kandierten Pekannüsse Zucker in einer Pfanne langsam erhitzen, bis er karamellisiert. Nüsse dazugeben, vorsichtig mischen, bis sie mit dem Karamell gleichmäßig überzogen sind. Zum Auskühlen auf einem Backpapier verteilen. Eventuell entstandene Klumpen zerteilen.

Alle Zutaten für das Dressing verrühren, beiseite stellen. Rettich und 2 EL Pflanzenöl vermengen. Rotkraut abseihen. Falls es zu salzig ist, etwas abspülen. Mit Dressing und Rettichsalat vermengen, mit Salz und Pfeffer abschmecken. Dazu serviert man Grapefruit-Segmente und kandierte Pekannüsse.

— TIPP —

Praktisch alles kann am Vortag vorbereitet werden: Rotkraut wird weicher, wenn man es in Salz legt. Das Dressing kann schon angerührt und die Pekannüsse kandiert werden. Bis zu zwei Stunden vor dem Essen können Sie den Salat fertig anrichten.

— GUESTS' CHOICE —

Wenn keine Pekannüsse zur Hand sind, kann man natürlich auch andere Nüsse verwenden. Rettich kann durch eine andere Rohkost ersetzt werden, beispielsweise Radieschen oder Karotten.

KRESSE-VICHYSSOISE

6 Personen • 10 min Arbeitszeit + 10 min kochen

2	mittelgroße Kartoffeln, geschält und in Würfel geschnitten
1	mittelgroße Zwiebel, gehackt
800 ml	Hühnerfond
300 ml	Schlagobers
2	Kistchen Gartenkresse
3 EL	Dille, grob gehackt
	Salz, Pfeffer aus der Mühle

Alle Zutaten außer Kresse und Dille in einem Topf bei mittlerer Hitze 10 Minuten kochen. Die Kräuter dazugeben und weitere 2 Minuten kochen. Zum Schluss die Suppe in einem Standmixer fest passieren, mit Salz und Pfeffer abschmecken.

— TIPP —

Die Suppe kann problemlos schon am Vortag zubereitet werden. Genießen Sie die Vichyssoise an einem heißen Tag als kalte Vorspeise!

— GUESTS' CHOICE —

Kleine Shrimps passen ganz hervorragend zum würzigen Geschmack dieser Suppe.

CREMIGE ZITRONENPASTA MIT SPINAT UND KAPERN

6 Personen • 20 min Arbeitszeit

600 g	Penne
2 EL	Butter
3 EL	Kapern, zerstoßen
1	kleine Zwiebel, fein geschnitten
2 EL	Zitronenschale, gerieben
4 EL	frischer Zitronensaft
300 ml	Schlagobers
	Salz, Pfeffer aus der Mühle
1 Handvoll	Basilikumblätter, grob gehackt
2 Handvoll	frischer Babyspinat
	Parmesan zum Servieren

Die Butter in einer Pfanne erhitzen und die Zwiebel weich und glasig dünsten. Zitronensaft und -schale, Schlagobers, Salz und Pfeffer dazugeben. Die Sauce sämig einköcheln lassen.

In der Zwischenzeit die Pasta in reichlich Salzwasser al dente kochen, dabei etwas Kochwasser für später zur Seite stellen.

Die abgeseihten Nudeln mit Zitronensauce, zerstoßenen Kapern, Spinat und Basilikum vermischen. Bei Bedarf etwas Kochwasser einrühren.

Mit frisch geriebenem Parmesan sofort servieren.

— TIPP —

Die Sauce und alle anderen Zutaten kann man vorbereiten und im letzten Moment wärmen. Nur die Pasta sollte unbedingt frisch gekocht werden.

— GUESTS' CHOICE —

Dieses Rezept lässt sich für Gäste mit geräuchertem Lachs verfeinern. Auch kann eine extravagante Pastasorte für Furore sorgen, wie Capelli d'Angelo, Farfalle oder Räder.

LAMM-BURGER MIT SPINAT UND FETAKÄSE

6 Personen • 20 min Arbeitszeit

3 EL	Paprikapulver, süß
4 EL	frische Minze, gehackt
1 TL	Zimt, gemahlen
	Salz, Pfeffer aus der Mühle
	Olivenöl
1 kg	Lammfleisch, faschiert
6	Semmeln *oder* Ciabatta, halbiert

SALAT

1 Handvoll	Spinatblätter
100 g	Fetakäse, zerbröckelt
1	große, rote Zwiebel, in Scheiben geschnitten
2 EL	Balsamicoessig
3 EL	Olivenöl

Das Backrohr auf 160 °C vorheizen.

Die ersten 4 Zutaten verrühren, 2 EL Olivenöl dazugeben und mit dem Lammfleisch vermengen. 6 Burger formen und in einer Pfanne mit etwas Olivenöl auf beiden Seiten anbraten. Hitze reduzieren und die Burger weitere 10 Minuten braten, bis sie fast durch sind. Semmelhälften mit etwas Öl bestreichen und im Rohr 5 Minuten toasten (oder im Toaster ohne Öl). Alle Zutaten für den Salat mischen. Burger auf die unteren Semmelhälften legen, Salat darauf verteilen. Deckeln drauf, fertig!

— TIPP —

Die rohen Burger können Sie maximal einen Tag im Eiskasten oder 2 Wochen in der Tiefkühltruhe aufbewahren. Bei großen Mengen ein paar Stunden vorher scharf anbraten und kurz vor dem Servieren bei 180 °C im Backrohr fertig garen.

— KIDS' CHOICE —

Kindern schmeckt am besten der klassische Burger aus Rindfleisch, Salz, Pfeffer und Worcestershire-Sauce – und viel Ketchup!

FISCHFILET MIT CHIMICHURRI UND SAFRAN-KARTOFFELN

6 Personen • 30 min Arbeitszeit + 15 min kochen

1,2 kg Fischfilet mit Haut
(Saibling, Angler, Heilbutt ...)
Butter zum Anbraten
Salz, Pfeffer aus der Mühle

CHIMICHURRI

150 ml Olivenöl
100 ml frischer Zitronensaft
2 TL Wasser
1 TL rote Chiliflakes, je nach Geschmack
2 Knoblauchzehen, gepresst
2 TL Schalotten, fein gehackt
1 Handvoll Petersilie, fein gehackt

SAFRAN-KARTOFFELN

1 kg Babykartoffeln
3 EL Butter
Safranfäden nach Belieben
2 EL frische Petersilie, fein gehackt
Salz, Pfeffer aus der Mühle

Alle Zutaten der Salsa gut vermengen und mit Salz und Pfeffer abschmecken. Eine Stunde rasten lassen, damit sich die Aromen vermischen.

In der Zwischenzeit Kartoffeln in reichlich Salzwasser bissfest kochen und schälen. Butter in einer Pfanne schmelzen und Safran dazugeben. Die Kartoffeln in der Butter schwenken, bis sie schön gelb und heiß sind. Mit Salz und Pfeffer würzen und die Petersilie darüberstreuen.

In einer heißen Pfanne ein Stück Butter erhitzen und das Fischfilet auf der Hautseite kross anbraten, je nach Dicke ca. 4-6 Minuten. Falls notwendig kurz umdrehen. Nicht zu lange, da der Fisch sonst trocken wird. Mit der Salsa sofort servieren.

— TIPP —

Die Salsa können Sie ohne Petersilie am Tag vorher anrühren und kühl stellen. 1 Stunde vor dem Servieren herausnehmen und Petersilie dazu. Den Fisch können Sie ein paar Stunden vorher kurz anbraten, im letzten Moment bei 180 °C im Rohr fertig garen.

— GUESTS' CHOICE —

Diese argentinische Salsa wird in ihrer Heimat zu gegrilltem Fleisch gegessen - köstlich!

SCHOKOLADE-TARTE MIT FRISCHEN HIMBEEREN

6 Personen • 30 min Arbeitszeit + 2 Std rasten lassen + 25 backen

TEIG

150 g	Butter
170 g	Mehl
2 EL	dunkles Kakaopulver
1 Handvoll	trockene Bohnen
4 TL	Himbeermarmelade
160 g	Butter
200 g	Schokolade
3	Dotter
2	Eier
4 EL	Zucker
2 EL	Cointreau
200 g	frische Himbeeren

Für den Teig alle Zutaten in der Küchenmaschine gut verkneten, 30 Minuten im Eiskasten rasten lassen. Das Backrohr auf 180 °C vorheizen.

Teig dünn ausrollen und in eine Tarteform (Ø 28 cm) legen. Falls der Teig bricht, muss man ihn mit der Hand zusammenstückeln, Fingerfertigkeit gefragt! Falls der Teig zu weich ist, nochmals ein paar Minuten zurück in den Eiskasten.

Backpapier auf den Teig legen (man tut sich mit den Ecken leichter, wenn man es zerknüllt und dann wieder glättet). Nun getrocknete Bohnen auf das Backpapier, damit der Tortenboden keine Blasen schlägt. Diesen Vorgang nennt man *Bake blind*, weil man die Tarte ohne Füllung bäckt. 15 Minuten backen. Bohnen und Papier entfernen und weitere 5 Minuten backen, bis der Teig trocken aussieht.

Nun Tortenboden mit Marmelade bestreichen. Für die Fülle Schokolade und Butter schmelzen, abkühlen lassen. Eier, Dotter und Zucker schaumig schlagen, bis die Masse fast weiß aussieht, ca. 4–5 Minuten. Schokolade mit der Eiermasse und dem Cointreau verrühren und bis knapp unter den Rand in die Tarteform füllen, 5 Minuten backen. Vor dem Servieren 2 Stunden rasten lassen und mit den Himbeeren servieren.

— TIPP —

Die Schokotarte schmeckt auch köstlich, wenn sie am Vortag gebacken wurde. An einem kühlen Ort, nicht aber im Eiskasten aufbewahren. Falls etwas von Teig und Fülle übrig ist, können Sie noch eine kleine Tarte zaubern.

— GUESTS' CHOICE —

Sie können den Cointreau auch weglassen. Nehmen Sie nach Laune und Geschmack eine andere Marmelade oder gar keine. Ribiselmarmelade passt sehr gut!

ANANAS-CARPACCIO MIT INGWERSIRUP

6 Personen • 15 min Arbeitszeit

300 ml   Wasser
100 g   Zucker
etwa 3 cm   Ingwerwurzel, geschält
1   frische Ananas, geschält

Für den Sirup Ingwer reiben, den Saft auffangen. Für das Rezept benötigen Sie 1 EL Ingwersaft. In einem Kochtopf Wasser mit Zucker solange kochen, bis sich der Zucker auflöst. Weitere 5 Minuten kochen. Auskühlen lassen und den Ingwersaft einrühren. Die geschälte Ananas hauchdünn in Scheiben schneiden, dabei den Strunk entfernen.

Die Ananasscheiben auf 6 Tellern anrichten und den Ingwersirup darübergießen.

— TIPP —

Den Ingwersirup kann man bis zu einer Woche vorkochen. Im Eiskasten aufbewahren. Wenn man das Ananas-Carpaccio am Vortag fertig zubereitet, wird der Geschmack des Ingwers noch intensiver!

— KIDS' CHOICE —

Für Kinder am besten den Ingwer weglassen und sie werden es lieben!

• POTLUCK •
Das Glück liegt im Topf

· POTLUCK ·

DAS GLÜCK LIEGT IM TOPF

Ein exotischer Drink und Fisch für Mami, ein saftiges Stück Fleisch und Kartoffelsalat für Papi, eine dampfende Suppe und Pasta für Omi, ein fruchtig-süßer Kuchen für die Zwillinge ... Wer von uns träumt bei dieser Wunschliste nicht von einer Schar Heinzelmännchen? Kann man, muss man aber nicht, hält doch ein Trend aus den USA nun auch in unseren heimischen Töpfen Einzug: Potluck ist angesagt und jeder Gast bringt eine Speise mit. Mit dem „Bring a Bottle für Fortgeschrittene" kommt bei minimalem Zeitaufwand des Gastgebers eine maximale Auswahl an Köstlichkeiten auf den Tisch. Unabhängig von Tageszeit oder Gästezahl, ob Indoor oder Outdoor, Potluck passt immer. Als Einladender müssen Sie nur eine einzige Speise kochen, koordinieren wer was mitbringt und eventuell Ihre Küche zum Erwärmen der Speisen zur Verfügung stellen. Weniger Aufwand geht nicht, echt nicht. Also ab zum Buffet, Deckeln hoch und sein Glück bei jedem Topf versuchen!

• • •

Das Glück liegt im Topf

· MENÜ ·

— **DRINK** —

Maracuja-Punsch

Buntes Gemüse mit Basilikum-Feta-Dip

— **VORSPEISEN** —

Karotten-Curry-Suppe mit frischem Ingwer

Kartoffel-Kren-Salat mit Eierschwammerln

— **HAUPTSPEISEN** —

Frühlingspasta mit Pecorino, Tomaten und Rucola

Zitronen-Thymian-Huhn

Lachsfilet mit Zitronen-Crème-fraîche

— **DESSERT** —

Amaretti-Torte mit frischer Mango

• • •

MARACUJA-PUNSCH

6 Personen • 5 min Arbeitszeit

200 ml	weißer Rum
3–4	Maracujas, Kerne herausgelöst
600 ml	Apfelsaft
600 ml	Mangosaft
600 ml	Ananassaft
1 Handvoll	Eiswürfel

Alle Zutaten außer dem Eis in einem Krug oder einer hübschen Flasche mischen. Eiswürfel auf die Gläser verteilen und den Punsch aufgießen.

Sofort servieren.

— TIPP —

Der Punsch kann bereits ein paar Stunden vor der Potluck-Party gemischt werden. Natürlich kommen die Eiswürfel erst am Schluss dazu. Als Alternative eignen sich auch andere Fruchtsäfte wie Marille, Pfirsich oder Orange.

— KIDS' CHOICE —

Für Kinder lässt man den Rum einfach weg und spritzt den Punsch mit etwas Mineralwasser auf.

BUNTES GEMÜSE MIT BASILIKUM-FETA-DIP

6 Personen • 10 min Arbeitszeit

1 Handvoll	Fisolen, blanchiert
1 Bund	Radieschen, halbiert
2	Paprikas, rot und gelb, länglich geschnitten

DIP

200 g	Fetakäse
1 Handvoll	Basilikumblätter
3 EL	Mayonnaise
80 ml	Schlagobers
2 EL	Zitronensaft
	Salz, Pfeffer aus der Mühle

Für den Dip alle Zutaten in der Küchenmaschine fest pürieren.

Dazu serviert man die vorbereiteten Fisolen, Radieschen und Paprikas. Oder was das Gemüsefach sonst noch hergibt wie Gurken, Staudensellerie oder Karotten.

— TIPP —

Den Dip kann man wunderbar schon einen Tag im Voraus zubereiten. Im Eiskasten aufbewahren und 1–2 Stunden vor dem Servieren herausnehmen.

— GUESTS' CHOICE —

Um Ihre Gäste anständig zu verwöhnen, servieren Sie doch gekochte Shrimps oder frisch gekochte Baby-Artischockenherzen dazu.

KAROTTEN-CURRY-SUPPE MIT FRISCHEM INGWER

6 Personen • 15 min Arbeitszeit + 20 min kochen

800 g	Karotten, geschält und grob geschnitten
5 ganze	Jungzwiebeln, in grobe Scheiben geschnitten
2 EL	Butter
3 EL	Ingwer, geschält und fein gerieben
2 EL	Currypulver
1 l	Gemüsefond
400 ml	Kokosmilch
4 EL	Limettensaft
100 ml	Crème fraîche
	Salz, Pfeffer aus der Mühle

Butter in einem Topf erhitzen und den weißen Teil der Jungzwiebeln darin 2 Minuten dünsten. Karotten, Ingwer und Currypulver dazurühren und ebenfalls andünsten. Fond und Kokosmilch dazugießen und 15–20 Minuten köcheln lassen, bis die Karotten weich sind. Mit Limettensaft, Salz und Pfeffer abschmecken und dann fein pürieren.

Die Suppe in vorgewärmten Tellern mit einem Tupfen Crème fraîche und ein paar Ringen vom grünen Teil der Jungzwiebeln anrichten.

— TIPP —

Sie können die Suppe auch am Vortag kochen. Oder Sie planen weit im Voraus und bewahren die fertige Suppe in der Tiefkühltruhe auf. Dann jedoch langsam aufwärmen. Verwenden Sie statt Karotte Kürbis – auch köstlich!

— GUESTS' CHOICE —

Herrlich schmeckt die Suppe auch mit Thai-Red-Curry-Paste. Am besten gleich mit den Zwiebeln anrösten. Achtung, es kann ein wenig schärfer werden!

KARTOFFEL-KREN-SALAT MIT EIERSCHWAMMERLN

6 Personen • 20 min Arbeitszeit + 30 min kochen

1,2 kg	speckige Kartoffeln, gekocht
300 g	Mayonnaise
2 EL	Zitronensaft
2-3 EL	Kren, aus dem Glas
150 g	Eierschwammerl, geputzt
1	rote Zwiebel, halbiert und in Scheiben geschnitten
2 EL	Kapern
2 EL	frische Dille zum Dekorieren
etwas	Butter zum Anbraten
	Salz, Pfeffer aus der Mühle

Die gekochten Kartoffeln schälen und in Scheiben schneiden.

Mayonnaise, Zitronensaft und Kren gut vermischen und mit Salz und Pfeffer abschmecken. Die Eierschwammerl in Scheiben schneiden und kurz in einer ganz heißen Pfanne mit etwas Butter 1–2 Minuten andünsten. Nun alle Zutaten vorsichtig vermengen.

Zum Schluss grob gehackte Dille darüberstreuen.

— TIPP —

Diesen Salat kann man problemlos ein paar Stunden vorher machen. Eierschwammerl sollten nicht zu viel mit Wasser in Berührung kommen, sonst verlieren sie Aroma – also putzen und maximal kurz abbrausen.

— GUESTS' CHOICE —

Variationen sind keine Grenzen gesetzt. Für Ihre Gäste könnten Sie den Salat noch mit abgebratenem Speck, Staudensellerie oder Radieschen verfeinern.

FRÜHLINGSPASTA MIT PECORINO, TOMATEN UND RUCOLA

6 Personen • 15 min Arbeitszeit + 30 Minuten marinieren

250 g	reife Tomaten, in Würfel geschnitten
3 EL	Schalotten, fein gehackt
130 ml	Olivenöl
3 EL	Balsamicoessig
100 g	Rucola
600 g	Linguine
150 g	Pecorino *oder* Parmesan, fein gerieben
	Salz, Pfeffer aus der Mühle

Die geschnittenen Tomaten und Schalotten mit Essig und Öl in einer Schüssel vermischen und 30 Minuten marinieren lassen. Die Nudeln in reichlich Salzwasser al dente kochen, abseihen und heiß mit der Tomatenmischung und dem Rucola vermengen. Pecorino daruntermischen oder in einer Schüssel auf den Tisch stellen.

Mit Salz und Pfeffer gut abschmecken und sofort servieren.

— TIPP —

Diese köstliche Pasta ist ein Star bei einem sommerlichen Potluck. Die Tomatenmischung können Sie ein paar Stunden vorher zubereiten. Pastaformen gibt es viele – wählen Sie sich eine aus!

— GUESTS' CHOICE —

Fein geschnittene Mozzarella-Stückchen über die dampfenden Nudeln - passt perfekt!

ZITRONEN-THYMIAN-HUHN

6 Personen • 15 min Arbeitszeit + 20 min kochen

12	Hühneroberkeulen
2	Zwiebeln, ungeschält geviertelt
1	Zitrone, in Scheiben geschnitten
4	Knoblauchzehen, in der Schale zerstoßen
8	Thymianzweige
5 EL	Olivenöl
125 ml	Weißwein
200 ml	Hühnerfond
etwas	Thymian zum Dekorieren

Backrohr auf 180 °C vorheizen.

Die ersten 6 Zutaten in einer Schüssel vermengen. Eine ofenfeste Pfanne erhitzen und die Hühnermischung anbraten, bis alle Zutaten gebräunt sind. Nun den Inhalt der Pfanne in einer Schüssel beiseite stellen. Den Bratenrückstand mit Wein ablöschen und mit Hühnerfond aufgießen. Alles wieder in die Pfanne geben und im Backrohr 20 Minuten braten. (Man kann das Huhn auch auf dem Herd zugedeckt bei kleiner Flamme köcheln lassen – ebenfalls ca. 20 Minuten.)

Mit frischem Thymian dekorieren und mit Reis und einem knackigen Blattsalat servieren.

— TIPP —

Diese Speise eignet sich für Vorausplaner: Das fertige Huhn kann man bis zu zwei Monate in der Tiefkühltruhe aufbewahren. Einfach in einem Topf am Herd oder im Backrohr auftauen.

— KIDS' CHOICE —

Für die Kleinen kann diese Speise zu sauer sein, daher Zitrone sparsam verwenden.

LACHSFILET MIT ZITRONEN-CREME-FRAICHE

6 Personen • 15 min Arbeitszeit + 1-2 Std marinieren + 15 min backen

ZITRONEN-CREME-FRAICHE

400 g	Crème fraiche
4 EL	frischer Zitronensaft
1 EL	Zitronenschale, fein gerieben

MARINADE

3 EL	Honig
3 EL	Olivenöl
3 EL	Schalotten, gehackt
4 EL	Zitronensaft
1 EL	Zitronenschale

1,2 kg	Lachsfilet, ohne Haut
	Salz, Pfeffer aus der Mühle
2	Zitronen zum Dekorieren

Für die Sauce Crème fraiche, Zitronensaft und -schale verrühren, mit Salz und Pfeffer abschmecken und kalt stellen.

Für die Marinade alle Zutaten vermengen und den Fisch darin 1 bis 2 Stunden einlegen.

In einer feuerfesten Form den Lachs im vorgeheizten Backrohr bei 190 °C 15 Minuten backen.

Mit Zitronenspalten dekorieren und mit Zitronen-Crème-fraiche servieren.

— TIPP —

Den Fisch kann man schon ein paar Stunden vor dem Essen in die Marinade legen und erst im letzten Moment ins Backrohr schieben. Wenn der Fisch von hoher Qualität ist, muss er nicht ganz durch sein. Je nach Geschmack.

— GUESTS' CHOICE —

Komplimente für den Fisch sind Ihnen sicher – dazu gibt es Vogerlsalat mit frischer Dille, Minze oder Estragon, Zitronensaft, Olivenöl, Salz und Pfeffer.

AMARETTI-TORTE MIT FRISCHER MANGO

6 Personen • 10 min Arbeitszeit + 50 min backen

400 g	frische Mango, in mundgerechte Stücke geschnitten
400 g	Amaretti-Kekse
80 g	weiche Butter
4	Eier
	Staubzucker zum Bestreuen

Das Backrohr auf 160 °C vorheizen.

Amaretti-Kekse in der Küchenmaschine zu groben Bröseln verarbeiten (man kann sie auch in einen Gefriersack füllen, gut verschließen und mit einem Nudelholz darüberwalzen). Die zerriebenen Kekse, Butter und Eier in einer Schüssel vermischen. Die Mango vorsichtig darunterheben. Eine Tortenform (∅ 28 cm) mit Backpapier auslegen und die Teigmasse hineingießen. Ca. 45–50 Minuten backen.

Vor dem Servieren mit Staubzucker bestreuen.

— TIPP —

Die Torte kann man schon am Vortag backen.

— KIDS' CHOICE —

Kindern schmeckt die Torte besonders gut mit Vanilleeis. Die Früchte können je nach Saison variieren: Auch heimische Marillen oder Pfirsiche eignen sich gut. Im Winter sind abgetropfte Weichseln aus dem Glas eine willkommene Abwechslung.

• KIDS COOKING PARTY •
Vom Schleckermaul zum Küchenchef

KIDS · COOKING · PARTY

VOM SCHLECKERMAUL ZUM KÜCHENCHEF

Alle Jahre wieder kommt das Geburtstagskind … Da können einem schon mal die Ideen ausgehen! Am dritten Geburtstag waren wir bei den Großeltern Kuchen essen, beim vierten den kleinen Löwen im Zoo besuchen und am fünften Jubeltag auf der großen Wasserrutsche toben. Wie wäre es denn dieses Jahr mit einer Kochparty? Trauen Sie den Kids durchaus etwas zu! Die Kinder erleben etwas ganz Neues, können ihr eigenes Essen zubereiten und dekorieren und vielleicht sogar den Grundstein für eine spätere Kochleidenschaft legen. Schenken Sie den Küchenlehrlingen statt den üblichen Give-aways personalisierte Schürzen oder bunte Kochlöffel! Entscheiden Sie, ob Sie den sprichwörtlich angepatzten Nachmittag um weitere Programmpunkte ergänzen oder gar keinen Anlass brauchen, um einen kleinen Kochkurs für die Buddies Ihrer Kinder zu veranstalten. Aber Achtung: Kochen macht süchtig. Schrecken Sie sich nicht, wenn am nächsten Tag plötzlich ein kleines Helferlein mit Kochlöffel und Schürze hinter Ihnen steht und schlaue Ratschläge verteilt.

· · ·

· MENÜ ·

— DRINK —

Shirley Temple

Parmesan-Crostini

— HAUPTSPEISEN —

Erbsenspätzle mit Cocktailtomaten

Beef Tacos

Bacon Fried Rice

Mini-Pizzas

Knusprige Schweinsmedaillons mit Gurkerlsauce

— DESSERTS —

Ice Cream Sundae

Die besten Chocolate Chip Cookies

• • •

SHIRLEY TEMPLE

6 Kinder • 5 min Arbeitszeit

6 EL	Grenadine-Sirup
1,2 l	7up *oder* Sprite
6	Cocktailkirschen
6	Strohhalme
	Eiswürfel

Eiswürfel in die Gläser geben, je ein Esslöffel Grenadine dazu und mit Sprite aufgießen. Mit je einer Cocktailkirsche und einem lustigen Strohhalm servieren.

PARMESAN-CROSTINI

20 Stück • 10 min Arbeitszeit + 5-8 min backen

1	Baguette, in dünne Scheiben geschnitten
	Olivenöl
100 g	Parmesan, gerieben

Das Backrohr auf 180 °C vorheizen.

Die Baguettescheiben mit Olivenöl bestreichen und den geriebenen Parmesan darauf verteilen.

5–8 Minuten backen.

— TIPP —

Wenn der Drink einen Zuckerrand haben soll, tunkt man den Glasrand zuerst in Eiweiß und dann in Kristallzucker. Man könnte die Crostini ein paar Stunden vor der Cooking Party zubereiten.

— GUESTS' CHOICE —

Wenn die Eltern der kleinen Köche dazustoßen, mischt man statt Grenadine Crème de Cassis in den Shirley Temple. Auch die Crostini bekommen mit Kräutern oder Knoblauch, Salz und Pfeffer oder Cayenne den letzten Schliff.

ERBSENSPÄTZLE
MIT COCKTAILTOMATEN

6 Kinder • 30 min Arbeitszeit

500 g	Erbsen, gekocht
4	Eier
200 ml	Hühnerfond
4 EL	frischer Schnittlauch, gehackt
2 EL	frische Petersilie, gehackt
300 g	Mehl
50 g	Butter
1 Handvoll	Cocktailtomaten, halbiert
1 Handvoll	Erbsen, gekocht, zum Dekorieren
	Salz, Pfeffer aus der Mühle

Spätzlereibe

Erbsen, Eier, Hühnerfond, 2 EL Schnittlauch und die Petersilie in einem Standmixer pürieren. Mehl einrühren und mit Salz und Pfeffer würzen. Reichlich Salzwasser in einem Topf zum Kochen bringen. Nun die Erbsenmischung rasch in das kochende Wasser reiben. 3 Minuten kochen und abseihen. Mit etwas kaltem Wasser abschrecken.

Butter in einer Pfanne schmelzen und die Spätzle darin erwärmen. Mit Tomaten, ganzen Erbsen und dem restlichen Schnittlauch servieren.

— TIPP —

Wenn die Zeit knapp ist, können Sie die Spätzle ein paar Stunden vorher machen, abschrecken und in etwas Butter schwenken. Kurz vor dem Essen in Butter und etwas Hühnerfond erwärmen.

— GUESTS' CHOICE —

Servieren Sie die lustigen Spätzle mit einem bunten Salat. Eine köstliche Alternative zur Petersilie ist ein Sträußchen frische Minze. Für den größeren Hunger passen die Erbsenspätzle auch ideal zu einem Stück abgebratenen Fleisch.

BEEF TACOS

6 Kinder • 15 min Arbeitszeit + 30 min kochen

12	Tortillas, medium
1	kleine Zwiebel, fein gehackt
	Pflanzenöl zum Anbraten
500 g	Faschiertes vom Rind
1 Packung	Taco-Mix, im Supermarkt erhältlich
150 g	Käse, gerieben
200 g	Sauerrahm
1–2	Avocados, in Würfel geschnitten
1/4	Eisbergsalat, in Streifen geschnitten
2–3	Tomaten, würfelig geschnitten
400 ml	Wasser

Die gehackte Zwiebel in einer Bratpfanne mit etwas Öl glasig dünsten. Das Fleisch hinzufügen und gut anbraten. Je stärker angebraten das Fleisch, desto stärker der Geschmack.

Nun Taco-Mix in 400 ml Wasser einrühren und zum Fleisch hinzufügen. Ca. 30 Minuten auf kleiner Flamme köcheln, bis fast die ganze Flüssigkeit verdampft ist. Gut rühren, es soll eine cremige Konsistenz entstehen. Die Tortillas ungeöffnet in der Mikrowelle oder in Alufolie gewickelt im Backrohr erwärmen. In ein sauberes Küchentuch einschlagen.

Nun geht der Spaß los: Alle vorbereiteten Zutaten in schöne Schüsseln füllen und auf den Tisch stellen, die warmen Tortillas dazu und jeder kann sich seine eigene Taco kreieren!

— TIPP —

Sie können das Fleisch am Vortag abbraten und im Eiskasten aufbewahren. Bei der Vorbereitung der vielen Zutaten, beim Schnipseln und Reiben sind die Kinder besonders begeistert im Einsatz.

— GUESTS' CHOICE —

Auch die Erwachsenen lassen sich gerne zu einer Kostprobe verführen. Die Verführung gelingt perfekt mit einer Salsa Roja von Seite 33.

BACON FRIED RICE

6 Kinder • 15 min Arbeitszeit + 15 min kochen

200 g	Bauchspeck, in feine lange Scheiben geschnitten
2	Jungzwiebeln, fein gehackt
3	Eier, verquirlt
330 g	Langkornreis, gekocht
300 g	breite Bohnen, gekocht und in dünne schräge Streifen geschnitten
	Pflanzenöl zum Anbraten

In einer beschichteten Pfanne etwas Öl erhitzen und den Speck darin knusprig anbraten, herausheben und etwas zerkleinern. In derselben Pfanne, falls notwendig unter Zugabe von etwas Öl, die Jungzwiebeln kurz anrösten und auch beiseite geben. Nun die verquirlten Eier mit etwas Öl in die Pfanne gießen und wie eine Eierspeise anbraten. Aus der Pfanne heben, diese auswischen oder wenn nötig auswaschen. Zum Schluss den Reis in etwas Öl anbraten, bis er warm ist. Die restlichen Zutaten daruntermischen, sofort servieren.

— TIPP —

Gebratener Speck läßt sich leicht und sauber in der Mikrowelle zubereiten: Küchenpapier auf einen Teller legen, die Speckscheiben darauf, mit Papier zudecken. So lange in der Mikrowelle braten, bis der Speck knusprig ist.

— GUESTS' CHOICE —

Dieses Rezept können Sie ganz nach Ihren Vorräten variieren. Hühner- oder Rindfleisch, Gemüsesorten wie Champignons oder Erbsen passen auch gut. Mit Soja- oder süßsaurer Sauce serviert, wird es noch ein klein wenig asiatischer.

MINI-PIZZAS

6 Kinder • 20 min Arbeitszeit + 10 min backen

12	Tortillas, medium
500 ml	passierte Tomaten
200 g	Schinken, in Würfel geschnitten
500 g	Ananasstücke
250 g	Mozzarella, gerieben
250 g	Parmesan, gerieben
250 g	Cocktailtomaten, halbiert
100 g	Champignons, abgebraten
	frische Basilikumblätter, gerissen

Das Backrohr auf 200 °C vorheizen.

Jedes Kind bekommt eine Tortilla und verstreicht etwa 2 EL passierte Tomaten darauf. Jetzt dürfen die Kids selbst gestalten und je nach Lust und Laune ihre Pizza belegen. Die Pizzen für etwa 10–12 Minuten ins Rohr schieben. Heiß servieren.

— TIPP —

Die Erfahrung hat gezeigt: Kinder lieben diese einfache Pizza. Bei Zeitmangel können Sie die einzelnen Zutaten schon am Vortag vorbereiten.

— GUESTS' CHOICE —

Erweitern Sie die Auswahl für die Erwachsenen um ein paar feine Zutaten wie Ziegenkäse oder Ricotta, Rucola oder Spinat, Salami oder Rohschinken ...

KNUSPRIGE SCHWEINSMEDAILLONS MIT GURKERLSAUCE

6 Kinder • 30 min Arbeitszeit

1 kg	Schweinefilet, in 1–2 cm dicke Scheiben geschnitten
etwas	Mehl
3-4	Eier
200 g	Semmelbrösel
	Pflanzenöl zum Frittieren
1	Zitrone, in Spalten geschnitten
	Salz, Pfeffer aus der Mühle

GURKERLSAUCE

300 g	Joghurt
100 g	Mayonnaise
60 g	Essiggurken, gehackt
3 EL	Petersilie, gehackt
	Salz, Pfeffer aus der Mühle

Alle Zutaten für die Sauce gut verrühren, mit einer Folie abdecken und kühl stellen.

Drei tiefe Teller für das Panieren vorbereiten. In einem Teller Mehl, Salz und Pfeffer mischen. In den zweiten die Eier schlagen und verquirlen und in den dritten Teller reichlich Semmelbrösel geben. Nun beginnt der Spaß für die Kids: das Panieren.

Die Filetstücke zuerst in Mehl, dann in den verquirlten Eiern und zum Schluss fest in den Semmelbröseln wälzen. Wenn diese Arbeit erledigt ist, sollten Sie die Kinder am besten aus der Küche schicken, denn das Frittieren ist zu gefährlich.

Einen hohen Kochtopf (dann spritzt es nicht so) 5 cm hoch mit Öl füllen und erhitzen. Das Öl sollte heiß sein, aber nicht rauchen. Sie können ruhig mehrere Stücke zugleich frittieren, sie sollten sich nur nicht berühren. Ca. 2–3 Minuten goldbraun backen. Mit der Gurkerlsauce und den Zitronenspalten servieren.

— TIPP —

Man kann die Medaillons bereits ein paar Stunden vorher panieren und im letzten Moment herausbacken. Wenn die Stücke etwas dicker sind, frittiert man sie goldbraun und bäckt sie im vorgeheizten Rohr (180 °C) fertig.

— GUESTS' CHOICE —

Köstlich dazu: ein grüner Blattsalat oder der Kartoffel-Kren-Salat mit frischen Eierschwammerln von Seite 91.

ICE CREAM SUNDAE

6 Kinder • 15 min Arbeitszeit

1 l *(oder* 500 g)	Vanille- *oder* Schokoladeeis
	Mini-Smarties
250 ml	Schlagobers, geschlagen

KARAMELLSAUCE

150 g	Zucker
150 ml	Schlagobers

SCHOKOLADESAUCE

250 ml	Schlagobers
30 g	Honig
1	Vanilleschote *oder* 1 EL Vanilleessenz
200 g	Schokolade

Für die Karamellsauce Zucker in einer Pfanne karamellisieren, bis er braun ist. Schlagobers dazugießen, rühren bis sich das Karamell ganz aufgelöst hat. Auskühlen lassen.

Für die Schokoladesauce Schlagobers mit Honig und der Vanilleschote langsam erwärmen. Schokolade dazugeben und umrühren, bis sie aufgelöst ist – nicht kochen. Zum Schluss die Vanilleschote auskratzen und entfernen.

Das Eis mit den Saucen, Smarties, Schlagobers auf den Tisch – so kann sich jedes Kind sein eigenes Sundae kreieren.

— TIPP —

Die Saucen können Sie bis zu einer Woche im Eiskasten aufbewahren. Sie werden beide sehr dickflüssig, daher vor dem Servieren nochmals aufwärmen.

— GUESTS' CHOICE —

Man kann natürlich verschiedene Eissorten verwenden. Die Toppings machen's aus: Schokostreusel, Gummibären, grob gehackte Nüsse etc.

DIE BESTEN
CHOCOLATE CHIP COOKIES

16 Stück • 10 min Arbeitszeit + 10 min kalt stellen + 15 min backen

200 g	Vollrohrzucker, extra fein
125 g	brauner Zucker
200 g	Butter, bei Zimmertemperatur
1	Ei, bei Zimmertemperatur
1 TL	Vanilleessenz *oder* 1 EL Vanillezucker
325 g	Mehl
3/4 TL	Speisesoda
1 TL	Backpulver
Prise	Salz
200 g	Schokoladechips *oder* -stücke
100 g	Walnüsse, grob gehackt

Backpapier

Beide Sorten Zucker mit Butter 1–2 Minuten mit einem Mixer schlagen, Ei und Vanilleessenz dazu und energisch vermengen. Mehl mit Speisesoda und Backpulver in die Masse sieben und gut verrühren. Nüsse und Schokolade daruntermischen. Die Masse zugedeckt etwa 10 Minuten in den Eiskasten stellen. Das Backrohr auf 180 °C vorheizen.

Ein Backblech mit Backpapier vorbereiten. Mit einem Esslöffel nußgroße Bällchen aus der Masse formen, mit etwas Abstand auf das Blech setzen. Nicht zu nahe, da die Kekse sehr auseinander gehen. 15 Minuten backen, bis sie goldbraun sind.

— TIPP —

Die kleinen Teigbällchen können Sie problemlos einfrieren. Einfach in Reih und Glied auf ein Brett zum Schockfrieren und nach 2 Stunden in Gefriersäcke füllen. Zum Verwenden erst ganz auftauen und dann backen.

— GUESTS' CHOICE —

Geradezu paradiesisch sind diese amerikanischen Cookies – wenn auch nicht gerade kalorienarm ... Sie könnten auch weiße Schokoladechips oder getrocknete Cranberries in den Teig rühren.

• COCKTAIL HOUR •

Lachsbrötchen war gestern

· COCKTAIL HOUR ·

LACHSBRÖTCHEN WAR GESTERN

Hallo hier, Küsschen da, in der einen Hand ein Glas, in der anderen ein Schüsselchen mit Gabel, dazu noch eine Tasche überm Arm und dann soll einem auch noch der Name des Gegenübers einfallen. Ja, so ein Stehempfang verlangt uns so einiges ab. Und wofür das alles? Für ein schlaffes oder verstaubtes Brötchen, dafür, dass man im Anschluss erst recht an den Würstelstand muss? Nichts da, wir wollen anständig essen und dabei trotzdem nicht auf die Möglichkeit verzichten, viele Menschen zugleich einzuladen. Der Trend, kleine Portionen in Gläsern zu servieren, war ein optischer Anfang, ein anderer endlich richtige Sattmacher in kleine Schüsselchen zu füllen. Doch auch ein Flying Dinner lässt sich noch toppen. Denn warum sollte man diese fliegenden Untertassen nicht mit Buffetstationen mischen? Jeder nimmt sich soviel und wann er will und wird zusätzlich noch mit kleinen servierten Köstlichkeiten verwöhnt. Himmlisch, oder? So kann man sich auch gleich besser aufs Cocktailschlürfen konzentrieren ... In diesem Sinne: Hoch die Tassen!

• • •

· MENÜ ·

— DRINK —

Holunder-Erdbeer-Cocktail

Janice's Rosmarin-Nüsse

— VORSPEISEN —

Thunfisch-Pâté

Kalte Gurkensuppe mit Fetakäse und Minze

Chicken Tikkas

— HAUPTSPEISEN —

Pasta mit Shrimps und Safran

Koreanisches BBQ Beef mit Coleslaw

— DESSERTS —

Orangen-Karamell-Salat

Kleine Baklava-Ecken

• • •

HOLUNDER-ERDBEER-COCKTAIL

6 Gläser • 10 min Arbeitszeit + 10 min marinieren

2 EL	Zucker
150 ml	Holundersirup
120 ml	Zitronensaft
6	Erdbeeren, in Scheiben geschnitten
250 ml	Wodka
	Eiswürfel
	Mineralwasser zum Aufspritzen
1	Zitrone, in dünne Scheiben geschnitten

Zucker, Holundersirup und Zitronensaft mischen und die Erdbeeren 10–20 Minuten darin marinieren. Je 1–2 Eiswürfel in die Gläser, etwas Wodka eingießen und zur Hälfte mit Erdbeer-Holundersirup füllen. Mit Mineralwasser aufspritzen und jeweils mit einer Zitronenscheibe dekorieren.

JANICE'S ROSMARIN-NÜSSE

6 Personen • 10 min Arbeitszeit

250 g	Cashew-Nüsse (evtl. Walnuss, Macademia)
2 EL	frischer Rosmarin, grob gehackt
1/2 TL	Cayennepfeffer
2 TL	brauner Zucker
1 EL	Salz
15 g	Butter

Backrohr auf 180 °C vorheizen.

Nüsse ca. 5 Minuten im Rohr anwärmen. Die restlichen Zutaten in einer Schüssel vermengen, eventuell die Butter zerkleinern. Die warmen Nüsse darin wälzen.

— TIPP —

Wenn Sie eine größere Schar Gäste erwarten, mischen Sie den Drink einfach in einem großen Krug. Warm schmecken die gewürzten Nüsse am besten. Man kann sie 24 Stunden im Voraus machen und kurz vor der Party im Backrohr wärmen.

— KIDS' CHOICE —

Für Kinder machen wir einen bunten Holunder-Erdbeer-Saft daraus: Wodka weglassen und mit Mineral- oder Leitungswasser aufgießen. Bei den Nüssen einfach den Cayennepfeffer weglassen.

THUNFISCH-PATE

6 Personen • 5 min Arbeitszeit

400 g	Thunfisch aus der Dose, in Wasser eingelegt, entwässert
2 EL	Whiskey *oder* Cognac
100 g	Butter
1 EL	Zitronenschale, gerieben
1 Messer-spitze	Cayennepfeffer, je nach Geschmack
4	Anchovis
	Salz, Pfeffer aus der Mühle
	Schwarzbrot, getoastet

Alle Zutaten in einem Standmixer fein pürieren und mit Salz und Pfeffer abschmecken. Mit getoastetem Schwarzbrot servieren.

— TIPP —

Es empfiehlt sich, diese köstliche Pâté frisch zu verzehren. Falls doch Zeitmangel vorliegt, kann man sie 24 Stunden kühl lagern.
2 Stunden vor dem Servieren nochmals mit etwas Zitronensaft oder Alkohol pürieren, da sie im Eiskasten fest wird.

— GUESTS' CHOICE —

Das i-Tüpfelchen kommt hier in Form von marinierten Oliven: Schwarze Oliven in gutes Olivenöl, Thymian, Chili, Knoblauch und Zitronenschale mindestens 2 Stunden einlegen.

KALTE GURKENSUPPE MIT FETAKÄSE UND MINZE

6 Personen • 15 min Arbeitszeit + 2 Std kalt stellen

450 g	Minigurken, in Stücke geschnitten
500 ml	Hühnerfond, nicht zu intensiv
120 g	Fetakäse
1	Schalotte, fein gehackt
2 EL	Minze, gehackt
2 EL	Gartenkresse
1 EL	Oregano, grob gehackt
1	Knoblauchzehe, zerdrückt
	Salz, Pfeffer aus der Mühle
250 g	griechisches Joghurt
2	Eier, hart gekocht und in Stücke geschnitten
3 EL	Schnittlauch, gehackt

Alle Zutaten bis auf Joghurt, Eier und Schnittlauch in einem Standmixer fest pürieren. Das Joghurt daruntermischen, mit Salz und Pfeffer abschmecken und ca. 2 Stunden im Eiskasten kalt stellen. Vor dem Servieren Eier und Schnittlauch darüberstreuen.

— TIPP —

Sie können die Suppe einen Tag vor der Einladung zubereiten, kühl stellen. Minigurken haben einen intensiveren Geschmack als normale Salatgurken, die man natürlich auch verwenden kann. Die große Sorte sollte allerdings geschält und entkernt werden.

— GUESTS' CHOICE —

Dieses Rezept stammt aus dem sonnigen Griechenland, wo Zwiebel und Knoblauch gerne roh gegessen werden. Man kann die beiden natürlich einfach weglassen.

CHICKEN TIKKAS

ca. 50 Löffel • 20 min Arbeitszeit + 1 Std marinieren

500 g	Hühnerbrüste, in mundgerechte Stücke geschnitten
etwas	Pflanzenöl zum Anbraten

MARINADE

150 ml	griechisches Joghurt
1 EL	Limettensaft
1 TL	frischer Ingwer, geschält und gerieben
1 TL	Knoblauch, geschält und gerieben
3/4 TL	Garam masala, im indischen Fachhandel erhältlich
	Salz
1/4 TL	Cayennepfeffer

KORIANDER-MINZE-CHUTNEY

2 Handvoll	frischer Koriander
1 Handvoll	frische Minze
1 kleine	Zwiebel, gehackt
70 ml	Wasser
1 EL	Limettensaft
1 TL	grüner Chili, entkernt und fein gehackt
1 TL	Zucker

Alle Zutaten für die Marinade gut verrühren. Die Hühnerstücke einlegen und mit der Marinade überziehen. Mindestens 1 Stunde ziehen lassen.

Die Zutaten für das Chutney in einem Standmixer fein pürieren, mit Salz abschmecken.

Die marinierten Hühnerstücke in einer Pfanne mit etwas Pflanzenöl 3–5 Minuten rundum scharf anbraten und mit dem Chutney servieren.

— TIPP —

Wenn Sie das Huhn am Vortag marinieren, haben Sie mehr Zeit für Last-Minute-Arbeiten und das Chicken Tikka wird saftiger und würziger.

— GUESTS' CHOICE —

Natürlich können Sie dieses traditionell englisch-indische Gericht auch mit Curry- oder Cuminpulver zubereiten. Eine perfekte Ergänzung bildet eine süß-saure Sauce aus dem Asia-Handel.

PASTA MIT SHRIMPS UND SAFRAN

6 Personen • 25 min Arbeitszeit

350 g	Pasta, kurze Makkaroni
1 Briefchen	Safran
40 ml	Zitronensaft
50 ml	Olivenöl
120 g	Mayonnaise
120 g	Sauerrahm
2	Jungzwiebeln, in feine Ringe geschnitten, nur bis zum hellgrünen Teil
2 EL	Kapern, grob geschnitten
2 EL	frischer Estragon, gehackt
1 EL	frische Dille, gehackt
1 TL	Zucker
450 g	Shrimps, gekocht und geschält
100 g	Stangensellerie, in Würfel geschnitten

Pasta in reichlich Salzwasser al dente kochen. Abseihen und 1 Suppenschöpfer vom Pastawasser aufheben (wichtig!). Safran in 3 EL warmen Wasser auflösen.

Nun die Pasta zuerst mit etwas Öl und Zitronensaft vermengen. Mayonnaise mit Sauerrahm, Jungzwiebeln, Kapern, Estragon, Dille und Zucker vermischen. Das restliche Öl, Zitronensaft, Safranwasser, Shrimps und Selleriewürfel dazugeben, mit Salz und Pfeffer gut abschmecken. Zum Schluss die Nudeln mit dem Dressing vermengen.

An einem kühlen Ort rasten lassen, damit sich all die Geschmäcker gut vermischen können.

Vor dem Servieren noch etwas lauwarmes Pastawasser unterrühren.

— TIPP —
Das Pastawasser ist wichtig, damit der Salat saftig wird.

— GUESTS' CHOICE —
Herrlich passen diverse Meeresfrüchte dazu: Krebsfleisch, abgebratener Oktopus oder Muscheln. Mit dabei vielleicht auch ein Rucolasalat, abgemacht mit Balsamicoessig, Olivenöl, Salz und Pfeffer.

KOREANISCHES BBQ BEEF MIT COLESLAW

6 Personen • 25 min Arbeitszeit + 1 Std marinieren

1 kg	Rinderfilet, in Streifen geschnitten
3 EL	Sesamkörner
1 TL	Meersalzflocken

MARINADE

1/2	Nashi-Birne, geschält und grob gerieben
120 ml	Wasser
6 EL	Sojasauce
2 EL	Pflanzenöl
1 EL	Reisessig
2	Knoblauchzehen, zerstoßen
2 TL	Sesamöl

COLESLAW

300 g	Weißkraut, fein gehobelt
150 g	Rotkraut, fein gehobelt
250 g	Mayonnaise
50 g	Dijon-Senf
2 EL	Apfelessig
1 EL	Zucker
1 EL	Fenchelsamen
	Salz, Pfeffer aus der Mühle

Die Zutaten für die Marinade im Standmixer fein pürieren. Das Fleisch etwa 1 Stunde darin ziehen lassen. Für den Salat das Kraut 30 Minuten in Salzwasser einweichen, damit es etwas weicher wird.

Fenchelsamen in einer Pfanne kurz anrösten, damit sich das Aroma entfalten kann. Mayonnaise, Senf, Essig, Zucker, Fenchelsamen verrühren und mit dem abgetropften Kraut vermischen, mit Salz und Pfeffer abschmecken.

Sesamkörner in einer Pfanne kurz anrösten, mit Meersalzflocken mischen.

Eine Edelstahlpfanne mit etwas Öl erhitzen und die Filetstücke kurz beidseitig anbraten. Mit Sesammischung bestreuen.

Sofort mit Coleslaw und restlichen Sesamkörnern servieren.

— TIPP —

Sie können das Fleisch auch mehrere Stunden marinieren. Immer wieder habe ich andere Stücke vom Rind versucht – am besten schmeckt es aber mit dem feinsten, dem Filet. Eine gute Alternative: Hühnerfilet.

— GUESTS' CHOICE —

Friséesalat (Endivien) mit getrockneten Cranberries und einem Walnussöl-Dressing passt auch sehr gut zu diesem asiatischen Gericht.

ORANGEN-KARAMELL-SALAT

6 Personen • 20 min Arbeitszeit

6	Orangen, geschält und in Scheiben geschnitten
230 g	Zucker
300 ml	Wasser

In einem Topf Zucker mit der Hälfte des Wassers bei niedriger Hitze köcheln, bis sich der Zucker auflöst. Nun die Temperatur erhöhen und den Zucker karamellisieren, es riecht nun fast verbrannt! Jetzt schnell das restliche Wasser dazu. Vorsicht, es spritzt! Solange rühren, bis alle Zuckerstücke aufgelöst sind.

Wenn der Sirup kalt ist, über die Orangenscheiben gießen und servieren.

— TIPP —

Man kann diesen süß-sauren Salat am Vortag zubereiten.

— GUESTS' CHOICE —

Reichen Sie dazu eine erlesene Auswahl von Teegebäck.

KLEINE BAKLAVA-ECKEN

10-12 Personen • 40 min Arbeitszeit + 45 min backen

450 g	Strudelteig für Baklava
250 g	Butter, geschmolzen
340 g	Walnüsse, gehackt

SIRUP

450 g	Zucker
290 ml	Wasser
2 EL	Zitronensaft

Die Zutaten für den Sirup in einem Topf bei niedriger Temperatur köcheln, um den Zucker aufzulösen. Nun die Flamme höher stellen und kochen, bis der Sirup den Rücken eines Kochlöffels leicht bedeckt. Von der Flamme nehmen und auskühlen lassen.

Das Backrohr auf 160 °C vorheizen.
Eine ofenfeste Form, etwa in der Größe der Teigblätter, mit Butter ausstreichen. Falls der Teig zu groß ist, in die richtige Größe zuschneiden. Ein Strudelblatt nach dem anderen mit flüssiger Butter bestreichen und in die Form legen, bis die Hälfte der Strudelblätter aufgebraucht ist. Nun die geriebenen Nüsse und 4 EL vom Sirup darübergeben. Die restlichen Teigblätter mit Butter bestreichen und auf die Nüsse legen.

Vor dem Backen das Baklava in diagonale Stücke schneiden. 40–45 Minuten goldbraun backen.
Den kalten Sirup auf dem heißen Kuchen verteilen.
Vor dem Servieren etwas auskühlen lassen.

— TIPP —

Baklava kann man einen Tag im Voraus backen. Bei Zimmertemperatur lagern. Von der Konsistenz des Sirups hängt das Baklava ab: Je flüssiger das Sirup, desto saftiger das Baklava. Nicht zu stark köcheln, damit nicht zu viel Flüssigkeit verloren geht.

— KIDS' CHOICE —

Auch meine Kinder lieben Baklava! Sie können auch Pistazien oder Mandeln verwenden.

• DINNER WITH FRIENDS •
Freundschaft in vier Gängen

DINNER · WITH FRIENDS ·

FREUNDSCHAFT IN VIER GÄNGEN

Wann haben Sie Ihre besten Freunde zum letzten Mal zum Essen eingeladen? Nicht schummeln, der letzte Kindergeburtstag gilt nicht. Hier geht's um echte Quality Time mit den Menschen, mit denen Sie ganz Sie selbst sein können. Das Leben hat sich verändert, klar, die Zeit wird immer knapper, der Job macht einen tougher, die Verantwortung wird immer größer und die Prioritäten verschieben sich. Die Zeit, in der wir rund um die Uhr mit unseren Freunden zusammen waren und das Leben des anderen in und auswendig kannten, ist meist spätestens mit einem geregelten Berufsalltag passé. Aber immer dann, wenn wir wieder mal mit unserer alten Gang zusammenkommen, ist die alte Vertrautheit wieder da und jeder Smalltalk überflüssig. Und auch wenn es ums Essen geht, ist alles andere als der perfekte Gastgeber und Sterneküche gefragt. Man kocht zusammen, trinkt dazu schon mal einen Aperitif, schlemmt und reißt die alten Witze. Mehr braucht ein perfekter Abend gar nicht, oder?

• • •

· MENÜ ·

— DRINK —

Kirsch-Cocktail

Hühnerleber-Pâté mit Apfel

— VORSPEISEN —

Jakobsmuscheln mit Wasabi-Mayonnaise

Ziegenkäse-Salat mit Linsen und würzigem Kürbis

Shrimps in Ingwer-Butter

— HAUPTSPEISEN —

Lachsforellenfilet mit gebratenem Fenchel

Asiatischer Schopfbraten

Geröstetes Wurzelgemüse

— DESSERT —

Buttermilch-Pannacotta mit gegrillten Feigen

• • •

KIRSCH-COCKTAIL

16 Gläser • 15 min Arbeitszeit + 12 Std frieren

20 g	frischer Ingwer, geschält und gerieben
200 g	Kirschen, entkernt
50 g	Zucker
2 EL	Zitronensaft
2 Flaschen	Sekt, trocken
	Eiswürfelbehälter

Ingwer, Kirschen, Zucker und Zitronensaft in einem Standmixer fest pürieren. Masse in einen Eiswürfelbehälter füllen und über Nacht frieren. Zum Servieren in jedes Sektglas einen Kirsch-Eiswürfel geben, Sekt darübergießen.

HÜHNERLEBER-PATE MIT APFEL

6 Personen • 15 min Arbeitszeit + 3 Std kühlen

500 g	Hühnerleber
90 g	Butter
4	Schalotten, grob gehackt
1	Apfel, geschält und grob geschnitten
3 EL	Cognac *oder* Weinbrand
2 EL	Crème fraîche *oder* Sauerrahm
	Salzcrackers zum Servieren
	Meersalzkristalle (*oder* normales Meersalz)
	rosa *oder* schwarzer Pfeffer, zerstoßen

Ein Drittel der Butter in einer Pfanne zerlassen und die Schalotten darin anschwitzen, Apfelstücke dazugeben und weitere 3 Minuten dünsten. Herausheben. Das zweite Drittel Butter in derselben Pfanne zerlassen. Die Hühnerleber mit Salz und Pfeffer würzen und 2–3 Minuten anbraten, bis sie innen noch rosa, aber nicht mehr blutig ist. Herausheben.

Den Bratenrückstand mit Cognac ablöschen, mit einem Zündholz anzünden. Sobald die Flamme erloschen ist, Crème fraîche einrühren und zu den restlichen Zutaten in den Standmixer.

Zum Schluss die restliche Butter dazu. Nun alles zusammen fein pürieren, abschmecken und in hübsche Formen füllen. 3 Stunden im Eiskasten rasten lassen. Mit Salzcrackers servieren.

— TIPP —

Die Kirscheiswürfel können Sie bis zu 2 Monaten im Tiefkühler aufbewahren. Die Pâté hält sich ca. 3 Tage im Eiskasten, man kann sie auch einfrieren. Die Salzkristalle sind in diesem Rezept deutlich spürbar und geben einen unverwechselbaren Geschmack.

— GUESTS' CHOICE —

Für den Drink können Sie auch frische Marillen oder Pfirsiche verwenden, aber auch Weichseln aus dem Glas. Falls Ihnen eine frische Wildleber in die Hände kommt – nichts besser als das! Und den Cognac kann man auch sehr gut durch Portwein ersetzen.

JAKOBSMUSCHELN MIT WASABI-MAYONNAISE

6 Personen • 10 min Arbeitszeit

18	Jakobsmuscheln, nur das weiße Fleisch
etwas	Butter
	Salz, Pfeffer aus der Mühle

WASABI-MAYONNAISE

130 g	Mayonnaise
50 ml	Sauerrahm
2 EL	Wasabipaste
1,5 EL	Sojasauce
1,5 EL	Reisessig

Die Jakobsmuscheln waschen, trocken tupfen und mit Salz und Pfeffer würzen. Etwas Butter in einer Pfanne erhitzen und die Muscheln ca. 3 Minuten auf jeder Seite anbraten.

Für die Wasabi-Mayonnaise die Zutaten verrühren, gut abschmecken. Wer es gerne schärfer mag, nimmt einfach mehr von der grünen Paste.

Die Jakobsmuscheln mit der scharfen Mayonnaise servieren.

— TIPP —

Kühl gelagert hält die Wasabi-Mayonnaise eine gute Woche. Die Jakobsmuscheln sollten Sie allerdings erst im letzten Moment zubereiten. Meine Familie isst sie gerne medium. Achtung: Wenn man die Muscheln zu lange brät, werden sie leicht zäh.

— GUESTS' CHOICE —

Auch Salbei-Butter passt ganz hervorragend zu diesen delikaten Meeresfrüchten – serviert beispielsweise auf einem bunten Pflücksalat. Die scharfe Mayonnaise schmeckt auch herrlich zu einem saftigen Steak.

ZIEGENKÄSE-SALAT MIT LINSEN UND WÜRZIGEM KÜRBIS

6 Personen • 20 min Arbeitszeit + 35 min kochen

800 g	Kürbis, geschält und in kleine Würfel geschnitten
100 g	grüne Linsen
	Olivenöl
1 TL	Cumin (Kreuzkümmel)
1 TL	Paprikapulver, scharf *oder* süß
100 g	Rucola
200 g	Ziegenkäse, zerbröselt
2 EL	Minze, gehackt
2 EL	Rotweinessig
	Salz, Pfeffer aus der Mühle

Das Backrohr auf 190 °C vorheizen.

Kürbiswürfel mit 2–3 EL Olivenöl, Cumin, Paprikapulver und etwas Salz vermengen. Auf einem Backblech verteilen und im Rohr auf einer Seite 20 Minuten backen, wenden und weitere 15 Minuten rösten, bis der Kürbis weich ist.

In der Zwischenzeit Linsen in etwas Wasser ca. 10 Minuten quellen lassen. Abseihen und ca. 30 Minuten kochen, bis sie weich sind. Gut abtropfen lassen. Kürbis im eigenen Saft mit Linsen, gehackter Minze, Essig und etwas Olivenöl vermengen und mit Salz und Pfeffer abschmecken. Auf einer Platte mit Rucola anrichten und den Ziegenkäse darüberstreuen. Warm servieren.

— TIPP —

Kürbis und Linsen können Sie schon am Tag vorher kochen und kurz vor dem Servieren nochmals aufwärmen. Linsen aus der Dose eignen sich gut und sparen ein paar Minuten Zeit.

— GUEST'S CHOICE —

Statt Cumin kann man auch Cayenne verwenden. Ein wunderbarer warmer Salat für kalte Herbsttage.

SHRIMPS IN INGWER-BUTTER

6 Personen • 10 min Arbeitszeit

540 g große Shrimps,
gekocht *oder* ungekocht,
geschält mit Schwanz

100 g Butter

3 EL frischer Ingwer, geschält
und fein gerieben

50 ml Sherry, medium dry

4 EL frischer Koriander,
klein gehackt

Butter in einer Pfanne schmelzen, bis sie braun ist. Geriebenen Ingwer ein paar Sekunden darin anbraten, die Shrimps dazugeben und 1–2 Minuten dünsten. Nicht zu lange, da sie sonst zäh werden. Mit Sherry ablöschen. Weitere 1–2 Minuten dünsten, bis die Shrimps gar sind. Mit Salz und Pfeffer abschmecken und den Koriander darüberstreuen. Heiß servieren!

— TIPP —

Man rechnet 90 g Shrimps pro Person als Vorspeise, 140 g pro Person als Hauptspeise. Passt ausgezeichnet zu Fisolen, Reis oder gemischtem Salat.

— GUESTS' CHOICE —

Dazu braucht es nicht mehr als ein Stück knuspriges Baguette. Wenn Ihnen oder Ihren Gästen der spezielle Geschmack von Koriander nicht so liegt, können Sie auch frische Petersilie verwenden.

LACHSFORELLENFILET MIT GEBRATENEM FENCHEL

6 Personen • 30 min Arbeitszeit

4 EL	Fenchelkörner
120 g	Butter, bei Zimmertemperatur
6 EL	Schalotten, gehackt
3	Fenchelknollen, geviertelt und in Scheiben geschnitten
	Fenchelkraut, gehackt
1,2 kg	Lachsforellenfilets
6 EL	Pernod

Die Fenchelkörner in einer Pfanne kurz anrösten. Mit der weichen Butter, Schalotten und etwas Fenchelkraut vermischen, mit Salz und Pfeffer würzen. Die fertige Fenchelbutter in drei Teile teilen.

Einen Teil in einer Pfanne erhitzen und den Fenchel darin bissfest dünsten, bis er leicht gebräunt ist, ca. 8–10 Minuten.

Fischfilets mit Salz und Pfeffer würzen. Den zweiten Teil Fenchelbutter in einer Pfanne erhitzen und den Fisch mit der Hautseite nach unten 5 Minuten anbraten, etwas Wasser dazugeben und weitere 5 Minuten medium dünsten. Nun die Filets auf den gekochten Fenchel setzen, Pernod dazugießen und solange köcheln, bis der Fisch durch ist. Eventuell mit Deckel.

Auf einem Teller den Fenchel anrichten, Fischfilets und restliche Fenchelbutter daraufsetzen.

— TIPP —

Den Fenchel können Sie ein paar Stunden vorher zubereiten und im letzten Moment wärmen. Auch den Fisch kann man schon am Vormittag auf der Hautseite anbraten. Schieben Sie ihn kurz vor dem Servieren bei 160 °C für ein paar Minuten ins Rohr.

— GUESTS' CHOICE —

Ein Filet vom Lachs können Sie natürlich auch verwenden. Pernod gibt diesem Gericht eine einzigartige Note. Falls kein Pernod im Haus ist, passt auch Weißwein. Bei uns kommt öfters ein in Fenchelbutter angebratenes Schweinsfilet auf den Tisch.

ASIATISCHER SCHOPFBRATEN

6 Personen • 5 min Arbeitszeit + 2 Std braten

2 kg   Schopfbraten

MARINADE

1   lange, rote Chilischote,
längs halbiert und entkernt

5   Knoblauchzehen, zerstoßen

30 g   frischer Ingwer, geschält und
in Scheiben geschnitten

5   Zitronenblätter *oder*
Zitronenmelisse

2 Stangen   Zitronengras, halbiert

200 g   brauner Zucker

300 ml   Wasser

Salz

Backrohr auf 180 °C vorheizen.

Alle Zutaten für die Marinade in einem schweren ofenfesten Bratentopf mischen, das Fleisch einlegen. Den Topf zudecken und eine Stunde im Ofen braten. Umdrehen und eine weitere Stunde ohne Deckel braten. Immer wieder mit dem eigenen Saft übergießen. Den Braten 10 Minuten rasten lassen, dünn aufschneiden und warm servieren.

— TIPP —

Das ist ein herrlich einfaches Rezept,
das im Handumdrehen vorbereitet ist.
Schon am Vortag kann man das Fleisch
marinieren. Rechnen Sie pro Kilo
Fleisch mit 1 Stunde Garzeit.

— GUESTS' CHOICE —

Wer es noch etwas asiatischer mag, mengt
der Marinade etwas Fischsauce (Oystersauce)
bei. Falls keine Zitronenblätter zu kriegen
sind, kann man sie auch weglassen.
Bei uns gibt es meist Kartoffelpüree
oder Bratkartoffeln dazu.

GERÖSTETES WURZELGEMÜSE

6 Personen • 20 min Arbeitszeit + 50 min braten

2 kg   Wurzelgemüse, geschält
(Kartoffeln, Süßkartoffeln,
Knollensellerie, Petersilien-
wurzel, Karotten ...)

3   Knoblauchzehen, zerstoßen

2   Rosmarinzweige

   Olivenöl

   Salz, Pfeffer aus der Mühle

Das Backrohr auf 200 °C vorheizen.

Das geschälte Gemüse in mundgerechte Stücke schneiden. Gemüse mit Olivenöl vermengen, Rosmarinnadeln einstreuen, salzen und pfeffern. Das Gemüse auf zwei Blechen verteilen, es sollte nicht übereinander liegen. Etwa 50 Minuten im Rohr knusprig rösten. Dazwischen ein- bis zweimal wenden.

— TIPP —

Man kann das Gemüse ein paar Stunden vorher schneiden und mit Olivenöl marinieren, damit es nicht trocken wird. 20 Minuten vorrösten und dann vor dem Essen fertig rösten.

— GUESTS' CHOICE —

Ideal für zwischendurch oder ein elegantes Essen. Auch Karfiol oder Brokkoli eignen sich für diese Zubereitung – nur etwas später dazugeben, da beides schnell braun wird.

BUTTERMILCH-PANNACOTTA MIT GEGRILLTEN FEIGEN

6 Personen • 20 min Arbeitszeit + 20 min kochen

2 EL	Wasser
1 1/2 TL	Gelatine-Pulver
250 ml	Schlagobers
1 TL	Zitronenschale, gerieben
50 g	Zucker
500 ml	Buttermilch
2 TL	Vanilleessenz *oder* 1 ausgekratzte Vanilleschote
6	kleine Soufflé-Formen

GEGRILLTE FEIGEN

6	Feigen, halbiert
6 EL	feiner Zucker
4 EL	frischer Zitronensaft

Wasser in eine kleine Schüssel geben und die Gelatine hineinstreuen, 10 Minuten stehen lassen. Schlagobers mit der geriebenen Zitronenschale und Zucker bei kleiner Flamme köcheln, bis sich der Zucker auflöst. Die Flamme höher stellen und einmal kurz aufkochen lassen, vom Herd nehmen und die Gelatine darin aufweichen. Die Masse ein paar Minuten auskühlen lassen. Buttermilch und Vanille einrühren. Die Masse bis knapp unter den Rand in Förmchen füllen und im Eiskasten mindestens 4 Stunden rasten lassen, bis sich die Pannacotta setzt.

Für die Feigen das Backrohr auf Grillstufe 10 Minuten vorheizen.

Die Feigenhälften in Zitronensaft wenden, mit der Schnittfläche nach unten in eine ofenfeste Form setzen und mit 3 EL Zucker bestreuen. 4 Minuten grillen, wenden und nun die Schnittflächen mit dem restlichen Zucker bestreuen und weitere 2–3 Minuten grillen.

Zum Servieren ein Messer vorsichtig entlang der Förmchenränder führen, um die Pannacotta vom Geschirr zu lösen. 2–3 Sekunden in heißes Wasser stellen. Anschließend einen Teller daraufsetzen und stürzen. Mit je 2 Feigenhälften im Saft servieren.

— TIPP —

Pannacotta ist problemlos bis zu 3 Tagen im Eiskasten haltbar. Man kann die Feigen natürlich auch ohne Pannacotta mit jeweils 1 TL Crème fraiche servieren.

— GUESTS' CHOICE —

Ein Glück, wenn noch dazu ein Himbeer-Coulis am Tisch steht: Himbeeren mit etwas Zucker pürieren und passieren. Eine andere ganz köstliche Variante: Pannacotta mit frischen Maracuja-Kernen.

Wäre das Einladen ein Wettbewerb, so wäre das Essen die Pflicht und das Dekorieren die Kür. Tischstyling ist für mich das i-Tüpfelchen, das den Unterschied macht. Sagt es doch viel über mich selbst und die Vorfreude auf meine Gäste aus.

Dieses Kapitel ist demnach nicht als 1:1 Anleitung gedacht, sondern soll Ihren ganz eigenen Stil auf den Tisch bringen. Es gibt die unterschiedlichsten Typen, die „Maßlosen", die den Tisch so überladen, dass das Essen zur Nebensache degradiert wird, die „Puristen", bei denen man als Gast froh sein muss, wenn überhaupt ein Teller auf dem Tisch steht, die „Überkorrekten", die den Tischschmuck mit Maßband anordnen und nicht zuletzt die „Verweigerer", denen es schon beim Wort „Deko" die Haare aufstellt. Ich sage: Erlaubt ist, was gefällt – was im Zweifel spannender ist als der ewig gleiche Dekobrei aus Kristallsteinchen und Herzballons.

Also trotzen Sie der Stilpolizei und machen Sie Ihr eigenes Ding!

Aglaia

• AGLAIA'S STYLE •

Geht nicht, gibt's nicht

FREI NACH DEM MOTTO

Wenn ich eine Einladung plane, überlege ich mir zuerst ein Thema: Das kann vom Anlass vorgegeben sein, sich nach einer Farbe richten oder mir einfach in einem Film oder Magazin begegnet sein. Wenn ich also beispielweise zu High Tea einlade, ziehe ich den Look durch alle Deko-elemente wie Geschirr, Tischtuch, Farben, Give-aways und Blumen. Wenn die Queen dann auch noch persönlich zu Besuch kommt, kann fast nichts mehr schiefgehen ...

GEGEN JEDE REGEL

Ich mixe gern Altes und Neues, Wertvolles und Schnäppchen. Nachdem ich in Schränken von (Groß-)Eltern, in Antiquariaten oder online gestöbert habe, stehen mir zwei Wege offen: Entweder ich bleibe beim homogenen Setting oder ich breche es ganz bewusst mit starken Mustern und Materialien. Wer noch einen Schritt weitergehen will, zeigt mit einem einzigen witzigen Stück, dass er sich selbst nicht zu ernst nimmt.

BROT UND SPIELE

Ein gemeinsames Essen sollte in erster Linie Spaß machen, also warum nicht bei der Tischdekoration beginnen? Gerade bei Leuten, die sich noch nicht so gut kennen, lockern Spiele die Stimmung auf. Darüber hinaus bin ich ein Fan von Tischordnungen. Manche halten sie für steif, für mich sind sie aber die Garantie für neue, spannende Gesprächskombinationen und die Möglichkeit, sich mit kreativen Tischkarten auszutoben.

AUS ALT MACH NEU

Klassische Dekoartikel sind meist unnötige Staubfänger und viel zu unflexibel. Was mache ich mit Osterhasen im Winter, mit silbernen Hirschen bei Vegetariern oder roten Herzen bei einem Businessdinner? Abgesehen von Blumen und Kerzen, die immer auf meiner Liste stehen, kaufe ich Dekomaterial lieber im Baumarkt, beim Papierhändler oder auf dem Flohmarkt. Oft verwende ich auch einfach Dinge, die ich zu Hause habe: Alte Verpackungen oder Gläser, die ich dem Anlass entsprechend beklebe oder mit abwaschbaren Stiften bemale.

DANKE

Ein leidenschaftliches Projekt lebt von seinen einzelnen Teilen. Über ein Jahr wurde intensiv verkostet, recherchiert, dekoriert und optimiert. Wir haben jeden Tag genossen und wollen uns bei den Menschen bedanken, die dazu beigetragen haben.

Zuallererst bei Matthias und Felix für die liebevolle und tatkräftige Unterstützung und Motivation. Danke auch an unsere Familien und Freunde, Euer Feedback hat uns immer wieder bestärkt.

Nuno, Deine Beteiligung an diesem Buch geht weit über Deine wunderschönen Fotos hinaus. Mit Deinen Ideen, Deiner Spontanität und Deiner guten Laune hast Du dieses Buch zu dem gemacht, was es ist. Danke für deinen unermüdlichen Einsatz, you're the best.

Danke an das Team von dottings, im Besonderen an Sara: Euer reduziertes und doch in jedem Detail besonderes Layout ist genau das, was wir gesucht haben.

Liebe Olivia, vielen Dank für das liebevolle Ausformulieren der Rezepte und das gesamte Lektorat – es war sicher nicht immer leicht, verschiedene Standpunkte auf einen Nenner zu bringen!

Wir danken dem Team vom Brandstätter Verlag, im Besonderen Niki und Elisabeth, für das Vertrauen in unsere Visionen und die produktiven Gespräche, die immer im Dienste unseres Buches standen.

Wir danken Karin Boba, Johanna Orsini-Rosenberg und Sofia Podreka sowie den vielen Freunden in deren Wohnungen und Häusern sich einige Lieblingsstücke fanden. Für das Ladies Get Together danken wir Sophia Mautner-Markhof für die engagierte und kreative Mode-Assistenz und Heidi Francoise Nancy Pfau für das tolle Hair-Styling und Make-up.

Was wäre unser Buch ohne die wunderschönen Props, Möbel und Kleider? Für die Ausstattung und Unterstützung danken wir:

Bananas - www.bananas.at
Blaulicht & Blaulicht Vis à Vis - www.blaulichtdesign.at
Feine Dinge - www.feinedinge.at
Good Friends - www.goodfriends.at
Vintage Flo - www.vintageflo.com

Ganz besonders danken wir unserem Hauptausstatter: Evamaria Thonet und ihrem Unternehmen Viktor Steinwender, Wien 1, Tuchlauben 20. www.viktorsteinwender.at

Tausend Dank an die stimmungsvollen Locations: zuallererst dem Gut Dornau (www.gutdornau.at) für unsere Cover-Location und die gutaussehenden und köstlichen Fische, aber auch dem Café Edison (www.edison-cafe.at), der Surfschule Fritz&Kids in Breitenbrunn und den Familien Kraetschmer und Schmertzing.

Nicht zuletzt Danke an unsere „Models" Alex, Alice, Annabelle, Audrey, Babu, Camilla, Carolina, Donata, Dorian, Elena, Fanni, Felix C., Felix T., Felix W., Ferdinand, Fia, Gábor, Georg, Hantschi, Isi, Josef, Joschi, Larissa, Lorenz, Leonie, Matthias, Matthias H., Niko, Oktavian, Ora, Ottilia, Philippa, Pippa, Ria, Thomas, Valerie und Wenzel. Ihr habt unser Buch nicht nur lebendig gemacht, sondern jedes unserer Shootings in eine Party verwandelt.

INDEX
In Reih und Glied

FRÜHSTÜCK

Ana's Quesadillas	33
Buttermilch-Pancakes mit Ahornsirup	23
Griechisches Joghurt mit Waldhonig und gerösteten Mandeln	29
Himbeer-Muffins	25
Ingwer-Zitronengras-Tee	19
Pfirsich-Maracuja-Marmelade	21
Pochiertes Ei auf Brioche mit Basilikumöl	27
Thunfisch-Toasts mit frischer Kresse	31
Zitronen-Lassi	19
Zitronen-Popovers mit Pfirsich-Maracuja-Marmelade	21

DRINKS UND HÄPPCHEN

Ana's Quesadillas	33
Bruschetta mit Ziegenkäse, Prosciutto und Minze-Dressing	63
Buntes Gemüse mit Basilikum-Feta-Dip	87
Chicken Tikkas	135
Gebackener Ricotta mit Oregano-Dressing	41
Holunder-Erdbeer-Cocktail	129
Hühnerleber-Pâté mit Apfel	151
Janice's Rosmarin-Nüsse	129
Kirsch-Cocktail	151
Maracuja-Punsch	85
Parmesan-Crostini	107
Rebujito	63
Shirley Temple	107
Thunfisch-Pâté	131

SUPPEN

Gurkensuppe mit Fetakäse und Minze, kalt	133
Karotten-Curry-Suppe mit frischem Ingwer	89
Kresse-Vichyssoise	67

VORSPEISEN

Chili-Guacamole	45
Jakobsmuscheln mit Wasabi-Mayonnaise	153
Shrimps in Ingwer-Butter	157
Thunfisch-Pâté	131
Ziegenkäse-Salat mit Linsen und würzigem Kürbis	155

PASTA, SPÄTZLE UND CO.

Bacon Fried Rice	113
Cremige Zitronenpasta mit Spinat und Kapern	69
Erbsenspätzle mit Cocktailtomaten	109
Frühlingspasta mit Pecorino, Tomaten und Rucola	93
Mini-Pizzas	115
Pasta mit Shrimps und Safran	137

GEMÜSE UND SALATE

Birnen-Fenchelsalat mit Senfdressing	43
Buntes Gemüse mit Basilikum-Feta-Dip	87
Bunter Pflücksalat mit geräucherter Forelle	47
Coleslaw	139
Grapefruit-Rotkrautsalat mit kandierten Pekannüssen	65

Kartoffel-Chips 53

Kartoffel-Kren-Salat mit Eierschwammerl 91

Safran-Kartoffeln 73

Wurzelgemüse, geröstet 163

Ziegenkäse-Salat mit Linsen und
würzigem Kürbis 155

FISCH UND KRUSTENTIERE

Bunter Pflücksalat mit geräucherter Forelle 47

Fischfilet mit Chimichurri und Safran-Kartoffeln 73

Jakobsmuscheln mit Wasabi-Mayonnaise 153

Lachsfilet mit Zitronen-Crème-fraîche 97

Lachsforellenfilet mit gebratenem Fenchel 159

Saibling auf Kartoffelchips mit Kräutersauce 53

Shrimps in Ingwer-Butter 157

Thunfisch-Pâté 131

Thunfisch-Toasts mit frischer Kresse 31

FLEISCH

Asiatischer Schopfbraten 161

Beef Tacos 111

Chicken Tikkas 135

Hühner-Burger mit Basilikum-Mayonnaise 49

Knusprige Schweinsmedaillons
mit Gurkerlsauce 117

Koreanisches BBQ Beef mit Coleslaw 139

Lamm-Burger mit Spinat und Fetakäse 71

Rosmarin-Koriander-Lammkeule 51

Zitronen-Thymian-Huhn 95

DIPS UND SAUCEN

Basilikum-Feta-Dip 87

Basilikum-Mayonnaise 49

Basilikumöl 27

Chimichurri 73

Gurkerlsauce 117

Koriander-Minze-Chutney 135

Kräutersauce 53

Oregano-Dressing 41

Salsa Roja 33

Wasabi-Mayonnaise 153

Zitronen-Crème-fraîche 97

DESSERTS

Amaretti-Torte mit frischer Mango 99

Ananas-Carpaccio mit Ingwersirup 77

Baklava-Ecken, kleine 143

Buttermilch-Pannacotta mit gegrillten Feigen 165

Chocolate Chip Cookies, die besten 121

Eis, siehe Ice Cream Sundae

Ghaili's Cheesecake 55

Griechisches Joghurt mit Waldhonig und
gerösteten Mandeln 29

Himbeer-Muffins 25

Ice Cream Sundae 119

Orangen-Karamell-Salat 141

Schokolade-Tarte mit frischen Himbeeren 75

ANNABELLE KNAUR-TRAUTTMANSDORFF,
geboren 1974 in Wien.

Absolventin der Londoner Leith´s School of Food
and Wine und des Wiener Modul. Stationen bei
Do & Co Baden, Hotel Intercontinental New York
City und Palace Hotel San Francisco. Private
Caterings und Kochkurse in Europa und den
USA. Bei Brandstätter erschien ihr erstes Koch-
buch *Be my Guest*.

Die leidenschaftliche Köchin lebt mit ihrem
Mann und drei Kindern in Baden bei Wien.

AGLAIA CLAM-MARTINIC,
geboren 1982 in Nürnberg.

Studium der Publizistik und Pädagogik an der
Universität Wien und der FU Berlin. Stationen
als Redakteurin für (Interior-)Design und Film
bei den Magazinen *Wohnen*, *Diva Wohnen* und
Compliment, diversen Onlinemagazinen sowie
in der Unterhaltungsredaktion des ORF. Ne-
ben privaten Caterings Fortbildung im Bereich
Kochen, Event und Marketing.

Sie lebt als freie Journalistin mit ihrem Mann
in Wien.

• • •

Was fehlt noch?

what's up

🍎 + 📷 = Cod